50 D'INCROYABLES VOYAGES À FAIRE UNE FOIS DANS SA VIE

Découvrez des lieux inconnus, vivez des expériences uniques et assouvissez votre passion pour l'aventure sans dépenser une fortune.

Introduction

Bonjour à tous, chers aventuriers !

Imaginez une vie remplie de voyages incroyables qui vous emmènent dans des endroits si uniques qu'ils semblent presque magiques. Pas les lieux touristiques typiques que vous voyez sur Instagram, mais des destinations hors des sentiers battus où vous pouvez vivre une expérience vraiment différente. C'est ce que nous explorons dans ce livre.
"50 voyages incroyables à faire une fois dans sa vie" - wow ! Voilà qui a de la gueule, mais qui résume parfaitement l'esprit de ce livre. Notre objectif est de vous faire découvrir de véritables joyaux cachés. Il s'agit d'endroits qui feront battre votre cœur, rempliront votre appareil photo et feront pâlir d'envie vos amis restés au pays.

Pensez-y : à quel point serait-il incroyable de faire la chronique de vos voyages dans la ville enchanteresse de Takayama au Japon, au lieu de la visite classique de Tokyo ? Ou peut-être un voyage audacieux dans l'archipel du Svalbard en Norvège, loin de l'itinéraire habituel Oslo-Bergen ?
Notre objectif est de vous montrer qu'il n'est pas nécessaire de dépenser une fortune pour faire des voyages extraordinaires. Nous avons soigneusement choisi des lieux accessibles qui offrent de riches expériences culturelles, naturelles et personnelles.
Venez donc avec nous pour ce voyage de découverte. Nous vous promettons que le chemin le moins fréquenté est beaucoup plus excitant.

Faisons le premier pas ensemble !

L'Europe

✓ pag.

1 Les Açores
Le Portugal

Présentation de la destination :

Avez-vous déjà entendu parler des Açores ? C'est un joyau caché ! Imaginez : neuf îles magnifiques au milieu de l'océan Atlantique. Chaque île est comme un petit monde en soi, rempli de gens sympathiques, de nourriture fantastique et de paysages à couper le souffle qui vous donneront des frissons. Croyez-nous : les Açores sont un rêve devenu réalité pour les voyageurs à la recherche de quelque chose d'unique.

Comment s'y rendre ?

Le meilleur moyen de se rendre aux Açores est l'avion. Des vols directs en provenance de nombreuses villes européennes vous permettront d'atterrir à Ponta Delgada, la plus grande ville des Açores. Une fois arrivé, vous pouvez passer d'une île à l'autre en empruntant les ferries locaux. Ils sont assez bon marché et constituent un moyen de transport agréable.

Ce qu'il faut voir et expérimenter :

Chaque île des Açores a son propre charme. Sur São Miguel, la plus grande île, se trouvent les Sete Cidades, deux lacs de cratère côte à côte, l'un bleu et l'autre vert. C'est un spectacle incroyable ! Si vous aimez la randonnée, vous adorerez l'île de Faial. Il y a de beaux sentiers autour du cratère volcanique qui offrent des vues à couper le souffle. Si vous êtes féru d'histoire, rendez-vous sur l'île de Terceira et visitez Angra do Heroísmo, une ville remplie de beaux bâtiments anciens qui a été déclarée site du patrimoine mondial de l'UNESCO.

Faits intéressants :

Saviez-vous que les Açores sont l'un des meilleurs endroits au monde pour observer les baleines et les dauphins ? Plus de 20 espèces différentes y ont été observées. Ouvrez l'œil lorsque vous êtes sur un bateau ou près de la mer !

Meilleure période pour un voyage à bas prix :

La basse saison s'étend de novembre à avril, lorsque les prix des vols et de l'hébergement sont généralement moins élevés.

Les choses à faire :

Aux Açores, vous ne manquerez jamais de choses à faire. Vous goûterez à la délicieuse cuisine locale, comme le ragoût de poisson et les sucreries, vous apprendrez l'artisanat traditionnel et vous vivrez des aventures étonnantes comme l'observation des baleines et la plongée. Quoi que vous choisissiez de faire, vous sentirez toujours l'esprit amical des Açores autour de vous.

2

Ksamil Albanie

Introduction à la destination :

Bienvenue à Ksamil, l'un des secrets les mieux gardés d'Albanie ! Ce petit village est situé au cœur de la Riviera albanaise du sud. Connu pour ses belles plages et ses îles vierges, Ksamil est une véritable carte postale. C'est un paradis de sable blanc, d'eaux cristallines et de délicieux fruits de mer, offrant une tranche de paradis hors des sentiers battus les zones touristiques plus fréquentées.

Comment s'y rendre :

Il est assez facile de se rendre à Ksamil. Si vous venez de Tirana, la capitale de l'Albanie, il vous faudra environ quatre à cinq heures de route le long de la côte. Des bus couvrent également cet itinéraire. Si vous venez de Saranda, une ville voisine, le trajet ne dure que 30 minutes en voiture ou en bus.

Les activités sont nombreuses et variées :

Outre le farniente sur la plage et la baignade dans la mer cristalline, de nombreuses activités vous occuperont à Ksamil. Vous pouvez louer un pédalo ou un kayak et explorer les îles. La plongée avec masque et tuba est également très prisée, car l'eau est claire et regorge de faune et de flore marines intéressantes.

Les gourmands apprécieront également Ksamil. Le village est connu pour ses fruits de mer frais. Ne manquez pas de goûter des plats tels que le poulpe grillé ou les moules fraîches dans l'un des restaurants de la plage.

Ce qu'il faut voir et expérimenter :

Le principal attrait de Ksamil réside dans ses magnifiques plages, connues pour leurs eaux turquoises et leur sable blanc et doux. Vous trouverez également quatre petites îles à une courte distance en bateau de la côte. Ces îles sont parfaites pour explorer, nager et prendre un bain de soleil.

Meilleure période pour un voyage à bas prix :

Le printemps et l'automne sont les meilleures périodes pour visiter Ksamil, avec moins de touristes et des tarifs plus bas.

Faits intéressants :

Saviez-vous que Ksamil fait partie du parc national de Butrint ? Ce parc abrite l'ancienne ville de Butrint, classée au patrimoine mondial de l'UNESCO. Elle est située à une courte distance de Ksamil et vaut vraiment la peine d'être visitée.

3 Lac de Bled
Slovénie

Introduction à la destination :

Imaginez un lac d'un bleu limpide, une île pittoresque avec une église au milieu et des montagnes enneigées en toile de fond. C'est le lac de Bled ! Situé dans les Alpes Juliennes, au nord-ouest de la Slovénie, cet endroit magique semble tout droit sorti d'un conte de fées.

Comment s'y rendre :

Le lac de Bled se trouve à environ une heure de route de Ljubljana, la capitale de la Slovénie. Des bus et des trains circulent régulièrement entre Ljubljana et Bled. Si vous conduisez, suivez les panneaux : l'itinéraire est bien indiqué.

Ce qu'il faut voir et expérimenter :

La première chose que vous remarquerez au sujet du lac de Bled est son extraordinaire beauté. Le lac vert émeraude, l'île enchanteresse avec l'église de l'Assomption et le château médiéval de Bled perché sur une falaise - tout est d'une beauté à couper le souffle.

Mais Bled ne se résume pas à son lac. La campagne environnante regorge de sentiers de randonnée et de pistes cyclables. Les gorges de Vintgar, un magnifique canyon traversé par une rivière, se trouvent également à proximité et méritent une visite.

Meilleure période pour un voyage à bas prix :

La basse saison, d'octobre à avril, offre des tarifs plus avantageux et une vue spectaculaire sur le lac en hiver.

Faits intéressants :

Saviez-vous qu'une légende est liée à l'île du lac de Bled ? On dit que si l'on sonne trois fois la cloche de l'église et que l'on fait un vœu, celui-ci se réalisera. C'est une tradition à laquelle de nombreux visiteurs aiment participer, alors pourquoi ne pas tenter l'expérience ?

Les choses à faire :

Au lac de Bled, on peut tout faire. Vous pouvez louer un bateau à rames (ou prendre un bateau traditionnel, la pletna) pour visiter l'île. Vous pouvez faire une randonnée jusqu'au sommet de Mala Osojnica, une colline voisine, pour profiter d'une vue à couper le souffle sur le lac et les montagnes environnantes. Si vous vous sentez l'âme d'un aventurier, vous pouvez aussi essayer de faire du stand-up paddleboard sur le lac. Lorsque vous aurez terminé votre exploration, ne manquez pas de déguster une part du gâteau à la crème de Bled, un dessert local célèbre dans toute la Slovénie.

4 Gorges du Verdon France

Introduction à la destination :

Imaginez un grand canyon de rivière aux parois calcaires serpentant à travers certains des paysages les plus pittoresques d'Europe. Ce sont les Gorges du Verdon, souvent considérées comme le "Grand Canyon" de l'Europe. Situées dans le sud-est de la France, les Gorges du Verdon sont l'une des merveilles naturelles incontournables de la France. Elles offrent des eaux vertes turquoises, des falaises étonnantes et des vues à couper le souffle, promettant une aventure que vous n'êtes pas prêt d'oublier.

Comment s'y rendre :

Les Gorges du Verdon sont situées dans la région Provence en France. Elles se trouvent à environ deux heures de route de Nice et à environ une heure et demie d'Aix-en-Provence. La voiture est le moyen le plus pratique pour les atteindre et offre la possibilité de s'arrêter à des points de vue en cours de route.

Ce qu'il faut voir et expérimenter :

La première chose qui frappe dans les Gorges du Verdon, c'est leur couleur. La rivière vert turquoise contraste de manière saisissante avec les falaises blanches et grises, ce qui constitue un véritable régal pour les yeux. Les gorges s'étendent sur environ 25 kilomètres, avec des falaises pouvant atteindre 700 mètres de haut. Vous pouvez emprunter la route panoramique qui vous emmène au bord du canyon et vous offre des vues incroyables.

Outre sa beauté naturelle, la région des gorges du Verdon est parsemée de villes et de villages charmants. Moustiers-Sainte-Marie, connue pour ses céramiques, et Castellane, célèbre pour sa chapelle, valent vraiment le détour.

Les choses à faire :

Les amateurs d'aventure trouveront leur bonheur dans les Gorges du Verdon. La rivière est parfaite pour le kayak et le rafting, tandis que les falaises offrent d'excellentes possibilités d'escalade.

Pour ceux qui préfèrent un rythme plus détendu, vous pouvez faire une randonnée tranquille sur les nombreux sentiers qui entourent les gorges ou louer un pédalo pour explorer les eaux du lac de Sainte-Croix, un lac artificiel situé à l'extrémité des gorges.

Après une journée active, il n'y a rien de mieux que de se détendre autour d'un verre de vin provençal accompagné de fromages régionaux et d'autres produits du terroir.

Faits intéressants :

Saviez-vous que la rivière Verdon, qui a creusé cet impressionnant canyon, tire sa couleur turquoise brillante de minuscules particules glaciaires en suspension dans l'eau ? Ces particules reflètent la lumière du soleil, créant ainsi la teinte vibrante de la rivière.

Meilleure période pour un voyage à bas prix :

Au printemps et à l'automne, en évitant les mois d'été bondés et coûteux.

Les Gorges du Verdon offrent un délicieux mélange de beauté naturelle, d'activités de plein air et de culture locale. C'est un joyau méconnu qui met en valeur la diversité des paysages français. Une visite ici promet non seulement des vues à couper le souffle, mais aussi un voyage inoubliable au cœur de la Provence.

5 Îles Féroé
Danemark

Introduction à la destination :

Imaginez un endroit où les paysages verdoyants s'étendent à perte de vue, interrompus seulement par des falaises vertigineuses, des chutes d'eau et une mer d'un bleu infini. Bienvenue dans les îles Féroé ! Cet archipel isolé, qui fait partie du Royaume du Danemark, se trouve dans l'océan Atlantique Nord. Avec ses villages pittoresques, sa faune unique et sa beauté naturelle envoûtante, les îles Féroé offrent une expérience de voyage unique.

Les choses à faire :

Les îles Féroé sont un paradis pour les amoureux de la nature et de l'aventure. Vous pouvez faire de la randonnée, observer les oiseaux, monter à cheval ou même pêcher en mer. Des excursions en bateau permettent d'admirer les majestueuses falaises et cheminées depuis l'eau et de visiter les colonies d'oiseaux de mer.

Vous pouvez également découvrir la culture locale. Goûtez à la cuisine féroïenne, écoutez de la musique traditionnelle féroïenne et découvrez l'histoire viking de l'île.

Comment s'y rendre :

Les îles Féroé sont accessibles par avion ou par ferry. Des vols réguliers en provenance de plusieurs villes européennes desservent l'aéroport de Vágar, le seul aéroport des îles Féroé. Le ferry qui relie le Danemark à Tórshavn, la capitale des îles Féroé, est une autre option si vous disposez de plus de temps.

Faits intéressants :

Voici un fait amusant : les îles Féroé comptent plus de moutons que d'habitants ! Le nom "Féroé" signifie en fait "îles des moutons". Ces animaux duveteux font partie de la culture et de l'économie des îles et vous les verrez partout !

Une autre curiosité est la tradition des "Heimablídni". Il s'agit d'un concept de restauration unique dans lequel les habitants invitent les touristes chez eux pour un repas. C'est un excellent moyen de découvrir la culture et l'hospitalité locales.

Les îles Féroé sont vraiment une destination magique. Elles sont peut-être petites et isolées, mais elles offrent une multitude d'expériences qui rendront votre voyage inoubliable. La beauté de cet endroit ne réside pas seulement dans ses paysages à couper le souffle, mais aussi dans sa riche culture, son rythme de vie lent et son peuple chaleureux et accueillant. Un voyage aux îles Féroé n'est pas seulement des vacances : c'est un voyage dans un monde différent.

Ce qu'il faut voir et expérimenter :

Chacune des 18 îles des Féroé est unique et mérite d'être explorée. Vous trouverez des villages pittoresques et colorés tels que Gjógv, connu pour ses charmantes maisons anciennes et son magnifique port. Sur l'île de Vágar se trouve l'impressionnante chute d'eau de Mulafossur, qui se jette dans l'océan.

L'un des lieux les plus emblématiques est le village de Saksun, avec ses maisons à toit turc. Il est niché dans une vallée avec un lagon de marée et entouré de hautes montagnes : un endroit idéal pour la randonnée. Vient ensuite Tórshavn, l'une des plus petites capitales du monde, avec sa charmante vieille ville, Tinganes.

Meilleure période pour un voyage à bas prix :

La basse saison, de septembre à avril, est moins chère et permet de profiter des vues spectaculaires de l'archipel.

6 Svalbard
Norvège

Introduction à la destination :

Bienvenue au bout du monde ! Le Svalbard, un archipel norvégien situé au fin fond de l'océan Arctique, est l'un de ces endroits qui semblent presque appartenir à un autre monde. Il se trouve à mi-chemin entre la Norvège continentale et le pôle Nord. Vous y trouverez des montagnes escarpées, des glaciers imposants et une faune et une flore incroyablement variées. Le Svalbard est le genre d'endroit qui reste gravé dans votre mémoire même après votre départ, un royaume magique où les aurores boréales dansent dans le ciel et où les ours polaires errent sur la glace.

Les choses à faire :

Le Svalbard est un paradis pour les amateurs d'aventure. Selon la période de l'année, vous pouvez faire du traîneau à chiens, de la motoneige ou même observer les ours polaires. En été, le soleil de minuit offre d'innombrables possibilités d'exploration, tandis qu'en hiver, on peut admirer les aurores boréales.

N'oubliez pas de respecter l'environnement et les directives locales : la beauté naturelle du Svalbard est délicate et protégée par la loi. Accompagnez toujours un guide et ne vous aventurez pas seul. Il en va de votre propre sécurité, mais aussi de la protection de la faune et de ses habitats.

Meilleure période pour un voyage à bas prix :

L'été est moins cher et permet de profiter du soleil de minuit.

Comment s'y rendre :

Se rendre au Svalbard est un voyage en soi. Vous partirez probablement d'Oslo, la capitale de la Norvège, et prendrez un vol de trois heures pour Longyearbyen, la plus grande agglomération du Svalbard. Le vol vous offre une vue aérienne des paysages à couper le souffle qui vous attendent.

Ce qu'il faut voir et expérimenter :

Longyearbyen, avec ses maisons colorées et son atmosphère arctique unique, est un excellent point de départ pour votre aventure au Svalbard. Vous pourrez y découvrir l'histoire de la région au musée du Svalbard et admirer la magnifique cathédrale arctique.

Mais la véritable magie du Svalbard se trouve au-delà des villes. Profitez d'une visite guidée pour admirer la beauté de l'archipel. Les paysages y sont austères et vierges, des glaciers d'un bleu étincelant aux fjords sculptés dans la glace. Une promenade en bateau le long de la côte s'impose et, si vous avez de la chance, vous pourrez peut-être apercevoir un ours polaire sur la glace !

Faits intéressants :

Saviez-vous qu'il y a plus d'ours polaires que d'habitants au Svalbard ? C'est vrai ! C'est l'un des rares endroits au monde où l'on peut observer ces magnifiques créatures dans leur habitat naturel. Mais n'oubliez pas qu'il s'agit d'une espèce protégée et qu'il est interdit de s'en approcher pour leur sécurité et la vôtre.

Le Svalbard abrite également la chambre forte mondiale des semences, une ressource mondiale essentielle. Elle abrite un grand nombre de graines de plantes qui constituent une réserve en cas de crise mondiale. Elle témoigne de la position unique du Svalbard dans le monde : isolé, paisible et très lié aux problèmes plus vastes auxquels notre planète est confrontée.

Visiter le Svalbard n'est pas un simple voyage, c'est une aventure extraordinaire. Alors, préparez vos vêtements les plus chauds et préparez-vous à vivre le voyage de votre vie !

7

Ljubljana
Slovénie

Introduction à la destination :

Faites un voyage au cœur de l'Europe, où vous trouverez Ljubljana, la charmante capitale de la Slovénie. Bien qu'elle soit la plus grande ville du pays, Ljubljana a su conserver le charme d'une petite ville, avec ses ponts pittoresques, ses rues sinueuses et son atmosphère animée. Cette ville, divisée par la rivière Ljubljanica, d'un vert émeraude, et couronnée par un château sur la colline, dégage une magie de conte de fées qui enchante tous ceux qui la visitent.

Comment s'y rendre :

Ljubljana est bien reliée aux autres villes européennes par voie aérienne, routière et ferroviaire. L'aéroport international de la ville, l'aéroport Ljubljana Jože Pučnik, se trouve à environ 26 kilomètres du centre-ville. Il existe de nombreux vols directs depuis de nombreuses capitales européennes et, depuis l'aéroport, vous pouvez prendre un bus, un taxi ou une navette pour rejoindre le centre-ville. Si vous préférez voyager en train, la gare centrale de Ljubljana est une plaque tournante importante, avec des services directs vers les pays voisins.

Les choses à faire :

Ljubljana est une ville verte qui vous invite à explorer ses nombreux parcs et espaces extérieurs. Le parc Tivoli, le plus grand de la ville, est idéal pour les promenades et les pique-niques et accueille également des expositions en plein air.

La ville possède également une scène gastronomique animée. Visitez le marché central pour goûter aux produits locaux slovènes ou arrêtez-vous dans un café au bord de la rivière. Pour le dîner, explorez la myriade de restaurants qui proposent un mélange de cuisines slovène et internationale.

Si vous visitez la ville en été, ne manquez pas le Festival d'été, où la ville s'anime avec des spectacles de musique, de théâtre et de danse.

Ce qu'il faut voir et expérimenter :

La première chose que vous remarquerez à Ljubljana est le château de Ljubljana. Ce château médiéval est situé sur la colline du château et offre une vue magnifique sur la ville. Vous pouvez y accéder par le funiculaire ou à pied. Le château abrite plusieurs musées et galeries ainsi qu'un élégant café.

Se promener dans la ville est un plaisir car le centre de Ljubljana est en grande partie piétonnier. Promenez-vous le long de la charmante rivière Ljubljanica, parsemée de ponts extravagants tels que le célèbre Triple pont et le pont du Dragon. La ville est aussi riche en architecture, notamment les œuvres du célèbre architecte Jože Plečnik.

Meilleure période pour un voyage à bas prix :

L'hiver offre des prix moins élevés et une atmosphère enchanteresse avec les lumières de Noël.

Faits intéressants :

Saviez-vous que Ljubljana a été nommée Capitale verte de l'Europe en 2016 ? Le centre-ville est en grande partie interdit aux voitures et la ville dispose d'un système de partage de vélos efficace, ce qui permet de l'explorer facilement en deux roues.

Autre curiosité : le symbole de Ljubljana est le dragon. Vous le trouverez sur le pont du Dragon et dans les armoiries de la ville. Il est lié à la légende de Jason et des Argonautes qui, selon une version, se seraient arrêtés à Ljubljana sur le chemin du retour vers la Grèce.

Ljubljana, avec son mélange de charme slave et de sophistication occidentale, offre une escapade enchanteresse. Que vous soyez féru d'histoire, gourmet ou simplement un voyageur curieux, vous trouverez quelque chose à aimer à Ljubljana. Alors, faites vos valises et préparez-vous à un voyage inoubliable !

8 Île de Skye
Écosse

EUROPE

Introduction à la destination :

Partons en voyage au pays des mythes et des légendes, l'île de Skye. C'est la plus grande île des Hébrides intérieures d'Écosse, célèbre pour sa beauté sauvage, ses falaises spectaculaires et son histoire enchanteresse. Des villages pittoresques aux châteaux médiévaux, l'île de Skye est un lieu magique qui donne l'impression d'entrer dans un livre de contes.

Comment s'y rendre :

L'île de Skye est reliée à la côte nord-ouest de l'Écosse par un pont qui permet de s'y rendre directement en voiture. Si vous venez d'Édimbourg ou de Glasgow, le trajet en voiture dure environ 5 à 6 heures. Des trains et des bus peuvent également vous emmener à Kyle of Lochalsh, la porte d'entrée de Skye.

Ce qu'il faut voir et expérimenter :

Une fois arrivé à Skye, vous serez fasciné par ses paysages à couper le souffle. Vous ne pouvez pas manquer le Old Man of Storr, un grand pinacle rocheux qui émerge des collines d'une manière étrange. Ensuite, il y a le Quiraing, un paysage sinistre mais magnifique, parfait pour une randonnée. De charmants villages sont disséminés sur l'île. Portree, la plus grande ville de Skye, est un lieu animé avec un joli port, des boutiques locales et des maisons colorées. Ne manquez pas Dunvegan, où vous pourrez visiter le plus ancien château d'Écosse, le Dunvegan Castle.

Faits intéressants :

Saviez-vous que l'île de Skye est riche en mythologie ? L'île abrite des contes de fées et d'anciens guerriers. Les Fairy Pools, une série de bassins et de chutes d'eau frais et cristallins, sont l'un de ces lieux imprégnés de folklore. Les habitants de l'île disent qu'ils sont la demeure des fées et vous le croirez peut-être lorsque vous verrez la beauté magique de cet endroit.

L'île de Skye est une destination qui fascine les visiteurs par sa riche histoire, ses mythes intrigants et ses paysages à couper le souffle. Le mélange de beauté naturelle et d'héritage culturel crée une expérience inoubliable qui restera gravée dans votre mémoire longtemps après votre départ. Des paysages à couper le souffle aux saveurs locales, chaque moment passé à Skye est une découverte.

Les choses à faire :

Sur l'île, vous pouvez remplir vos journées d'aventures en plein air. Partez en randonnée dans les montagnes de Cuillin, explorez le littoral en kayak ou faites une excursion en bateau pour observer les aigles de mer. Pour une activité plus calme, visitez les boutiques d'artisanat et les galeries d'art locales. Après une journée d'exploration, attablez-vous devant la cuisine locale. Skye est célèbre pour ses fruits de mer, en particulier le homard, les coquilles Saint-Jacques et les moules. Accompagnez votre repas d'un verre de whisky local pour vivre une expérience écossaise inoubliable.

Meilleure période pour un voyage à bas prix :

La basse saison, de novembre à mars, vous permet de faire des économies tout en profitant de la magie de l'île de Skye.

9 Forêt de Bialowieza

Pologne/Biélorussie

Introduction à la destination :

Imaginez que vous entrez dans une machine à remonter le temps et que vous revenez des milliers d'années en arrière. C'est le sentiment que l'on éprouve en visitant la forêt de Białowieża. S'étendant le long de la frontière entre la Pologne et la Biélorussie, c'est l'un des derniers et plus grands morceaux de forêt vierge qui couvrait autrefois l'Europe. Cet endroit est un rêve de verdure où les arbres s'élèvent vers le ciel et où des animaux rares vivent en liberté.

Ce qu'il faut voir et expérimenter :

L'attraction principale est la forêt elle-même. Elle est classée au patrimoine mondial de l'UNESCO et possède une beauté sauvage unique. On y trouve des chênes géants, de belles prairies et des rivières tranquilles. Mais il n'y a pas que les arbres. Białowieża abrite l'animal terrestre le plus lourd d'Europe, le bison d'Europe. Voir ces majestueuses créatures dans la nature est un vrai régal.

Comment s'y rendre :

Pour s'y rendre depuis la Pologne ou le Belarus, il faut faire un peu de route, mais cela en vaut la peine. Depuis Varsovie, la capitale de la Pologne, vous pouvez prendre un train jusqu'à Hajnówka, puis un bus jusqu'à la forêt. Si vous venez de Minsk, la capitale du Belarus, vous pouvez prendre un train jusqu'à Brest, puis un bus jusqu'à la forêt.

Faits intéressants :

Saviez-vous que la forêt de Białowieża est souvent appelée "la dernière jungle européenne" ? C'est l'un des derniers endroits où l'on peut voir la forêt telle qu'elle se présentait il y a des milliers d'années. De nombreux chênes présents poussent depuis des siècles : on estime que certains d'entre eux ont plus de 500 ans !

Visiter Białowieża, c'est comme entrer dans un musée vivant. C'est un endroit où la nature prospère et où l'on peut avoir un aperçu de la façon dont le monde était autrefois. Alors, respirez, embrassez le calme et laissez la forêt ancienne opérer sa magie. Białowieża n'est pas seulement un voyage, c'est un voyage dans le temps.

Les choses à faire :

Explorer la forêt est une aventure. Des sentiers bien balisés permettent de faire des randonnées à pied ou à vélo. Vous pouvez également participer à une visite guidée pour découvrir l'histoire et la biodiversité de la forêt. Dans le parc national de Białowieża, vous trouverez le parc du Palais, un joli lieu de promenade et un musée de la nature et de la forêt.

En hiver, Białowieża se transforme en un pays des merveilles enneigé. Vous pouvez pratiquer des sports d'hiver comme le ski de fond ou simplement vous promener pour profiter de la beauté paisible de la forêt enneigée.

Meilleure période pour un voyage à bas prix :

La basse saison, d'octobre à mars, est moins chère et permet d'éviter les foules estivales.

10 Lofoten (Îles) Norvège

Introduction à la destination :

Imaginez un endroit où les montagnes s'étendent pour toucher le ciel, où la mer s'étend à perte de vue et où les aurores boréales dansent au-dessus de vous. Cela ressemble à un rêve ? Bienvenue dans les îles Lofoten, en Norvège. Connues pour leurs paysages spectaculaires composés de pics imposants, de fjords profonds et de villages de pêcheurs pittoresques, ces îles sont un paradis pour les amoureux de la nature et de l'aventure.

Comment s'y rendre :

Atteindre les îles Lofoten est une aventure en soi. Vous pouvez prendre un vol d'Oslo, la capitale de la Norvège, à Bodø et de là, prendre un ferry ou un vol court vers les îles. Si vous avez envie de faire un voyage en voiture, vous pouvez également longer la magnifique côte norvégienne jusqu'aux îles Lofoten.

Ce qu'il faut voir et expérimenter :

Les îles Lofoten ne manquent pas d'attractions impressionnantes. Les îles sont célèbres pour leurs montagnes escarpées, telles que l'imposant Reinebringen et les pics acérés de Flakstadøya.

Meilleure période pour un voyage à bas prix :

Le printemps et l'automne sont idéaux pour économiser de l'argent et admirer les spectaculaires aurores boréales en hiver.

Ne manquez pas de visiter les villages de pêcheurs pittoresques tels que Reine et Nusfjord. Ils regorgent de cabanes traditionnelles rouges et jaunes, appelées rorbuers, qui se dressent sur des pilotis au bord de l'eau.

L'une des plus belles expériences que l'on puisse vivre sur les îles est de se tenir au bord d'une plage de sable et de regarder le soleil se coucher à l'horizon tandis que les vagues s'écrasent sur le rivage. Si vous vous rendez sur l'île en hiver, vous aurez peut-être la chance d'assister à des aurores boréales à couper le souffle.

Faits intéressants :

Saviez-vous que, bien que situé à l'intérieur du cercle polaire arctique, les îles Lofoten ont un climat relativement doux grâce au Gulf Stream ? Cela signifie que les températures peuvent être beaucoup plus chaudes que dans d'autres endroits situés à la même latitude. En outre, les îles Lofoten abritent le plus grand récif corallien de Norvège.

Les îles Lofoten sont un lieu de contrastes, où la beauté sauvage de la nature coexiste avec la chaleur et l'amabilité des habitants. C'est un endroit où chaque vue est comme une carte postale et où chaque expérience est un souvenir à chérir. Alors, faites vos valises et préparez-vous à vivre une aventure unique dans les îles Lofoten.

Les choses à faire :

Les îles Lofoten sont un terrain de jeu pour les amateurs d'aventure. Vous pouvez faire de la randonnée sur les nombreux sentiers de montagne, surfer sur la plage d'Unstad ou faire du kayak entre les îles. La pêche est un élément important de la vie locale : vous pouvez participer à une sortie de pêche et essayer d'attraper votre propre repas.

Si vous vous intéressez à l'art, vous apprécierez les nombreuses galeries et ateliers d'artistes disséminés sur les îles. Et après une journée riche en aventures, il n'y a rien de mieux que de savourer un repas chaud dans un restaurant accueillant, en dégustant des plats locaux tels que le stockfish et les fruits de mer frais.

11 Tallinn
Estonie

Introduction à la destination :

Bienvenue à Tallinn, la charmante capitale de l'Estonie. Cette ville est comme un conte de fées vivant, où l'histoire médiévale rencontre l'effervescence moderne. Sa vieille ville bien préservée, son histoire riche et sa scène gastronomique florissante ont fait de Tallinn une destination incontournable. Située au bord de la mer Baltique, Tallinn est un mélange de rues pavées pittoresques, de clochers anciens et de cafés branchés. C'est une ville où le passé et le présent coexistent admirablement.

Meilleure période pour un voyage à bas prix :

Le printemps et l'automne sont les saisons les plus propices pour visiter Tallinn et profiter de ses trésors médiévaux.

Comment s'y rendre :

Tallinn est bien reliée aux autres régions d'Europe par voie aérienne et maritime. Si vous arrivez par avion, l'aéroport Lennart Meri de Tallinn n'est qu'à 4 km du centre-ville. Si vous êtes à Helsinki, une autre option fantastique est de prendre un ferry pour traverser la mer Baltique, ce qui peut être une aventure en soi.

EUROPE

Faits intéressants :

Tallinn est connue pour sa société numérique. C'est l'une des sociétés numériques les plus avancées au monde, avec des visas pour les e-résidents et les nomades numériques. Alors, tout en vous immergeant dans le charme médiéval, n'oubliez pas que vous vous trouvez dans l'un des principaux centres technologiques du monde !

Tallinn est une ville qui sait allier l'ancien et le nouveau. Ses rues charmantes, son histoire fascinante et son mode de vie animé captiveront n'importe quel voyageur.

Ce qu'il faut voir et expérimenter :

À Tallinn, la première étape de votre itinéraire doit être la vieille ville. Vous pourrez vous promener dans les étroites ruelles pavées, bordées de maisons médiévales et d'anciennes boutiques de marchands. Rejoignez la place de l'hôtel de ville, qui fut pendant des siècles une place de marché et le cœur de la ville.

Ne manquez pas la colline de Toompea. L'ascension est un peu difficile, mais la vue panoramique sur la ville depuis le sommet en vaut la peine. Vous y trouverez également la magnifique cathédrale Alexandre Nevski, l'un des symboles de Tallinn.

Les amateurs de musées seront comblés. Tallinn abrite un certain nombre de musées intéressants. Le musée d'histoire de l'Estonie et le musée d'art KUMU sont parmi les meilleurs et offrent un aperçu de la richesse de la culture et de l'histoire du pays.

Les choses à faire :

Lorsque vous n'êtes pas plongé dans l'histoire, Tallinn propose de nombreuses autres activités. La ville possède une scène gastronomique dynamique. Des plats traditionnels estoniens aux cuisines du monde, le choix est infini. N'oubliez pas de goûter aux bières artisanales locales.

Si vous visitez la ville en hiver, le marché de Noël de Tallinn est incontournable. C'est l'un des plus réputés d'Europe, avec ses décorations festives, son artisanat local et ses délicieux stands de nourriture.

Pour ceux qui recherchent un peu de nature, le parc de Kadriorg est une échappée tranquille. Il abrite également le palais de Kadriorg, un magnifique bâtiment baroque qui abrite le musée d'art d'Estonie.

12 Spitzberg
Norvège

EUROPE

Introduction à la destination :

Bienvenue dans la nature sauvage arctique du Spitzberg, la plus grande île du fascinant archipel du Svalbard. Situé à l'extrémité de la Norvège, le Spitzberg est une terre aux paysages spectaculaires, aux glaciers gelés et à la faune unique. Ce paradis arctique isolé et intact offre aux voyageurs intrépides la possibilité d'explorer la beauté immaculée de la région polaire.

Faits intéressants :

Le Spitzberg n'est pas seulement une terre de merveilles naturelles, il a aussi une importance historique. L'île était autrefois une base pour les expéditions dans l'Arctique et des vestiges de ce passé peuvent encore être trouvés, notamment des colonies minières et des stations de recherche abandonnées. Explorez ces vestiges de l'activité humaine et découvrez l'histoire de l'île et la résilience de ceux qui l'ont habitée.

Le Spitzberg abrite également la Svalbard Global Seed Vault, un projet unique et vital qui préserve la biodiversité végétale du globe. Cette chambre forte stocke des millions de semences provenant du monde entier, les protégeant en cas d'événements catastrophiques ou de disparition d'espèces végétales.

Comment s'y rendre :

Atteindre le Spitzberg peut sembler être un voyage au bout du monde, mais chaque kilomètre en vaut la peine. Longyearbyen, la principale ville de l'île, est accessible par avion depuis plusieurs grandes villes norvégiennes, telles qu'Oslo ou

Tromsø. Les vols vers le Spitzberg impliquent souvent une escale, mais les vues à couper le souffle depuis le hublot de l'avion rendent le voyage inoubliable.

Les choses à faire :

Laissez-vous emporter par l'esprit d'aventure et participez à des activités passionnantes au Spitzberg. Participez à un safari en motoneige et parcourez le terrain enneigé en sentant l'air arctique sur votre visage. Montez dans un traîneau à chiens et laissez les fidèles huskies vous guider dans la nature. Pour une expérience vraiment unique, participez à une expédition de randonnée guidée, explorez les sentiers accidentés et découvrez des joyaux cachés en chemin.

À la tombée de la nuit, ne manquez pas la chance d'assister aux envoûtantes aurores boréales qui dansent dans le ciel arctique dans des teintes vibrantes de vert, de violet et de rose.

Ce qu'il faut voir et expérimenter :

Le Spitzberg est un trésor de merveilles naturelles. Glaciers, fjords et montagnes imposantes dominent le paysage, créant des paysages à couper le souffle à explorer. L'une des attractions incontournables est l'imposant glacier de Monaco, un énorme mur de glace qui s'étend jusqu'à la mer. Faites une excursion en bateau le long du glacier et admirez les teintes bleues éthérées de la glace. Pour les amoureux de la faune, le Spitzberg permet de rencontrer les créatures emblématiques de l'Arctique. Gardez un œil sur les ours polaires, les rennes, les renards arctiques et diverses espèces d'oiseaux, dont les macareux et les balbuzards. Participez à une randonnée guidée pour observer ces magnifiques animaux dans leur habitat naturel, en toute sécurité et dans le respect de la nature.

Meilleure période pour les voyages à bas prix :

La basse saison, d'octobre à février, est moins chère, mais il faut se préparer à affronter les rudes températures de l'Arctique.

13

Laponie
Finlande

Introduction à la destination :

Bienvenue en Laponie, un pays de merveilles hivernales tout droit sorti d'un conte de fées ! Située dans la région la plus septentrionale de la Finlande, la Laponie est une destination magique connue pour ses paysages enchanteurs, ses aurores boréales époustouflantes, ses forêts enneigées et sa riche culture lapone. Si vous avez toujours rêvé de vivre un véritable paradis hivernal, la Laponie est l'endroit idéal.

Comment s'y rendre :

Atteindre la Laponie est une aventure en soi. Vous pouvez prendre l'avion jusqu'à Rovaniemi, la capitale de la Laponie, qui dispose d'un aéroport international. De là, vous pourrez facilement rejoindre d'autres villes et villages de la région en voiture, en bus ou en train. Vous pouvez également entreprendre un voyage inoubliable en prenant le train de nuit d'Helsinki à Rovaniemi, tout en profitant des vues panoramiques qui s'offrent à vous.

Faits intéressants :

La Laponie n'est pas seulement un paradis hivernal, c'est aussi une terre d'extrêmes. En été, le soleil ne se couche pas pendant des semaines, ce qui donne lieu au phénomène connu sous le nom de "soleil de minuit". Cela vous permet de profiter de la lumière du jour sans fin et de participer à des activités à toute heure du jour et de la nuit. En outre, le village du Père Noël, situé à Rovaniemi, est une attraction populaire pour les visiteurs de tous âges et offre la possibilité de rencontrer le Père Noël en personne, d'envoyer des lettres depuis le cercle arctique et de vivre l'esprit magique de Noël tout au long de l'année.

EUROPE

Les choses à faire :

La Laponie est un terrain de jeu pour les activités hivernales. Vous pouvez faire du traîneau à chiens à travers les forêts enneigées et vivre l'émotion de voir les huskies vous emmener à travers les paysages sereins de l'hiver. La motoneige est une autre aventure populaire, qui vous permet de vous faufiler sur des lacs et des pistes gelés, vous immergeant dans la nature sauvage de l'Arctique. Pour les plus aventureux, il y a aussi la natation sur glace, qui permet de faire un plongeon dans un lac gelé et de ressentir le frisson des eaux glacées. Et, bien sûr, construire des bonshommes de neige, faire des promenades en traîneau à rennes et siroter un jus de fruit chaud autour d'un feu crépitant sont des activités incontournables pour vivre pleinement l'expérience de la Laponie.

Ce qu'il faut voir et expérimenter :

La Laponie offre aux visiteurs un certain nombre d'expériences uniques. Le spectacle envoûtant des aurores boréales dansant dans le ciel nocturne est une expérience à ne pas manquer. La région abrite également de vastes parcs nationaux, tels que le parc national d'Urho Kekkonen, où vous pourrez explorer des forêts enneigées, des lacs gelés et une nature sauvage et tranquille. N'oubliez pas non plus de rencontrer les habitants de la Laponie et de découvrir leur culture fascinante, leurs traditions d'élevage de rennes et leur artisanat dynamique.

Meilleure période pour un voyage à bas prix :

L'hiver, surtout en dehors de la saison des fêtes, offre des prix plus abordables pour profiter de l'expérience des aurores boréales et des activités hivernales.

14 Gand
Belgique

Introduction à la destination :

Bienvenue à Gand, un joyau caché au cœur de la Belgique ! Cette ville charmante est un trésor d'architecture médiévale, de canaux enchanteurs et d'atmosphère vibrante. Imprégnée d'histoire, Gand offre un mélange parfait de charme d'antan et de délices contemporains.

Comment s'y rendre :

Se rendre à Gand est un jeu d'enfant, car la ville est bien située et bien desservie. Si vous arrivez par avion, Brussels Airport est l'aéroport international le plus proche. De là, vous pouvez facilement rejoindre Gand en train ou en bus. Si vous êtes déjà en Belgique, Gand n'est qu'à une courte distance en train des grandes villes telles que Bruxelles et Bruges.

Ce qu'il faut voir et expérimenter :

Gand s'enorgueillit d'un remarquable éventail d'architecture médiévale qui vous transportera dans le temps. Admirez les flèches de la cathédrale Saint-Bavon et explorez le magnifique château de Gravensteen, une forteresse médiévale bien préservée. Flânez le long des canaux pittoresques bordés de maisons de guilde et de charmantes rues pavées. Ne manquez pas l'emblématique retable de Gand, un chef-d'œuvre extraordinaire conservé dans la cathédrale Saint-Bavon.

Faits intéressants :

Gand est une ville qui allie parfaitement sa riche histoire à l'innovation moderne, offrant une expérience captivante aux voyageurs à la recherche d'une touche de magie médiévale.

Meilleure période pour un voyage à bas prix :

La basse saison, de novembre à mars, offre des tarifs hôteliers plus bas et moins de touristes, ce qui vous permet d'explorer la ville de manière plus économique.

Les choses à faire :

Plongez dans la culture vibrante de Gand en explorant ses marchés animés, ses galeries d'art et ses musées. Goûtez à la délicieuse cuisine belge, des chocolats appétissants aux gaufres délicieuses, et sirotez des bières locales dans des cafés et des bars accueillants. Faites un tour en bateau le long des canaux pour admirer la beauté de la ville d'un point de vue différent. Et n'oubliez pas de flâner dans les quartiers animés, à la découverte de joyaux cachés et de l'atmosphère amicale et accueillante de la ville.

15 Îles Canaries
Espagne

Comment s'y rendre :

Les îles Canaries sont faciles d'accès car elles disposent de plusieurs aéroports internationaux. Les principales compagnies aériennes proposent des vols directs depuis plusieurs villes européennes, ce qui les rend facilement accessibles aux voyageurs. Vous pouvez également rejoindre les îles en ferry depuis l'Espagne continentale ou depuis les îles voisines si vous préférez un voyage pittoresque par la mer.

Introduction à la destination :

Bienvenue aux îles Canaries, un archipel espagnol situé au large de la côte nord-ouest de l'Afrique. Avec ses paysages à couper le souffle, son climat doux et ses caractéristiques géographiques uniques, les îles Canaries sont un véritable paradis. L'un des points forts de ces îles est la variété des plages de sable blanc et noir, qui offrent un contraste saisissant avec les eaux azur de l'océan Atlantique.

Meilleure période pour un voyage à bas prix :

Le printemps et l'automne sont les saisons les plus propices pour visiter les îles Canaries, lorsque les prix sont plus raisonnables et le climat doux.

Ce qu'il faut voir et expérimenter :

Outre les plages pittoresques, les îles Canaries offrent une multitude d'attractions. Explorez les paysages volcaniques du parc national de Timanfaya à Lanzarote, faites une randonnée dans les forêts luxuriantes de La Gomera ou admirez les dunes de sable colossales de Maspalomas à Gran Canaria. Pour les amoureux de la nature, le parc national du Teide à Tenerife, qui abrite le plus haut sommet d'Espagne, offre des vues à couper le souffle et permet d'observer les étoiles.

Faits intéressants :

Les îles Canaries ne sont pas seulement célèbres pour leurs plages, mais aussi pour leurs origines volcaniques. Le mont Teide, à Tenerife, est le troisième volcan le plus haut du monde et est inscrit au patrimoine mondial de l'UNESCO. En outre, ces îles abritent une réserve de biosphère unique en son genre, avec une flore et une faune rares que l'on ne trouve nulle part ailleurs. Les îles Canaries sont un mélange d'influences espagnoles, africaines et latino-américaines qui créent une fusion culturelle vibrante reflétée dans la musique, la danse et la cuisine.

Les choses à faire :

Vous pourrez vous adonner à toute une série d'activités, de la plongée avec masque et tuba dans les eaux limpides au surf sur les vagues de l'Atlantique. Promenez-vous tranquillement le long des promenades animées, savourez la délicieuse cuisine canarienne ou détendez-vous simplement sur les plages immaculées et imprégnez-vous de l'ambiance de l'île.

16 Tchernobyl
Ukraine

Introduction à la destination :

Benvenuti a Chernobyl, un luogo avvolto dalla tragedia eppure intrigantemente affascinante. Situata nell'Ucraina settentrionale, Chernobyl è diventata una meta del turismo oscuro, offrendo ai visitatori uno sguardo sulle conseguenze del catastrofico disastro nucleare avvenuto nel 1986. Questo sito inquietante serve come solenne promemoria delle devastanti conseguenze dell'errore umano e della resilienza della natura di fronte alle avversità.

Comment s'y rendre :

Visiter Tchernobyl nécessite une planification minutieuse et le respect des règles de sécurité. Il est conseillé de participer à des visites organisées menées par des guides expérimentés qui assurent la sécurité des visiteurs et fournissent des informations détaillées sur la région. Des permis et des autorisations des autorités ukrainiennes sont également nécessaires.

Meilleure période pour un voyage à bas prix :

La basse saison, de novembre à mars, offre des tarifs plus avantageux pour visiter la région de Tchernobyl, mais il faut tenir compte des températures froides en hiver.

EUROPE

Les choses à faire :

Au cours de votre visite à Tchernobyl, vous pourrez participer à plusieurs activités intéressantes et éducatives. Vous pouvez visiter la centrale nucléaire de Tchernobyl et le nouveau confinement sûr, une immense installation construite pour contenir le réacteur endommagé. Découvrez l'histoire de la catastrophe, son impact sur l'environnement et les communautés locales, ainsi que les efforts déployés actuellement en matière de sûreté nucléaire. Vous pourrez également vous recueillir au mémorial dédié aux courageux pompiers et travailleurs qui ont sacrifié leur vie à la suite de la catastrophe.

Faits intéressants :

La zone d'exclusion de Tchernobyl, qui s'étend sur quelque 2 600 kilomètres carrés, est devenue un sanctuaire involontaire pour la faune et la flore. L'absence d'activité humaine a permis à la nature de se réapproprier la zone, entraînant la renaissance d'une flore et d'une faune diversifiées. Les visiteurs peuvent rencontrer des chevaux sauvages, des espèces d'oiseaux rares et d'autres animaux qui se promènent librement dans ce sanctuaire inattendu. La zone rappelle l'équilibre délicat entre l'impact de l'homme et la résilience du monde naturel.

Ce qu'il faut voir et expérimenter :

L'exploration de Tchernobyl offre une occasion unique de voir la ville abandonnée de Pripyat, figée dans le temps après l'évacuation. Explorez les rues sinistres, visitez les bâtiments en ruine et observez les vestiges fantomatiques d'une communauté autrefois prospère. La grande roue emblématique, les écoles vides et le parc d'attractions en ruine sont les témoins silencieux de la tragédie.

17 Meteóra
Grèce

Introduction à la destination :

Bienvenue à Meteóra, un lieu qui semble tout droit sorti d'un conte de fées. Nichée au cœur de la Grèce, Meteóra est connue pour ses impressionnants monastères perchés au sommet de gigantesques formations rocheuses. Ces piliers monumentaux de roche s'élèvent de façon spectaculaire de la terre, créant un paysage mystique et époustouflant qui fascine les visiteurs depuis des siècles.

Comment s'y rendre :

Pour se rendre à Meteóra, on peut prendre le train ou le bus depuis les grandes villes grecques comme Athènes ou Thessalonique. La ville la plus proche est Kalambaka, située au pied des rochers. De là, vous pouvez prendre un bus local ou faire une randonnée jusqu'aux monastères.

Meilleure période pour un voyage à bas prix :

Le printemps et l'automne offrent des tarifs hôteliers moins élevés et des températures agréables pour explorer les monastères enchâssés dans les rochers.

EUROPE

Les choses à faire :

Outre la visite des monastères, de nombreux sentiers de randonnée serpentent à travers les rochers de Meteóra. Ces sentiers vous permettent d'explorer la beauté naturelle de la région, offrant des vues à couper le souffle à chaque tournant. Vous pouvez également participer à une visite guidée pour en savoir plus sur l'histoire et l'importance de la communauté monastique.

Faits intéressants :

Meteóra est un site classé au patrimoine mondial de l'UNESCO et a été présenté dans de nombreux films, notamment dans le film de James Bond "For Your Eyes Only". Le mélange unique de merveilles naturelles et architecturales de Meteóra crée une atmosphère enchanteresse qui vous laissera bouche bée devant sa grandeur.

Ce qu'il faut voir et expérimenter :

L'attraction principale de Meteóra est sans aucun doute ses monastères. Ces structures remarquables, datant du XIVe siècle, ont été construites au sommet d'imposants rochers pour offrir aux moines un isolement spirituel. Aujourd'hui, plusieurs monastères sont encore en activité et ouverts aux visiteurs. L'exploration de ces monastères offre un aperçu d'un monde de dévotion spirituelle, de fresques à couper le souffle et de vues panoramiques sur le paysage environnant.

18 Islande

Introduction à la destination :

Préparez-vous à être captivé par l'envoûtante terre de feu et de glace : l'Islande. Nichée dans l'océan Atlantique Nord, cette île nordique est une véritable merveille naturelle. Connue pour ses paysages spectaculaires, ses sources d'eau chaude géothermiques et sa culture dynamique, l'Islande offre une expérience de voyage unique et inoubliable.

Comment s'y rendre :

Il est relativement facile de se rendre en Islande, des vols directs étant disponibles depuis les principales villes du monde. Le principal aéroport international, l'aéroport international de Keflavík, est situé juste à l'extérieur de Reykjavík, la capitale. De là, vous pouvez explorer le reste du pays avec des vols intérieurs, des voitures de location ou des visites guidées.

Ce qu'il faut voir et expérimenter :

L'Islande est un paradis pour les amoureux de la nature et de l'aventure. Émerveillez-vous devant d'imposantes chutes d'eau, telles que Gullfoss et Seljalandsfoss, qui se déversent en cascade sur les parois rocheuses avec une force impressionnante. Explorez de magnifiques glaciers, dont le Vatnajökull, la plus grande calotte glaciaire d'Europe, et assistez à d'étonnantes formations de glace bleue. N'oubliez pas de visiter les extraordinaires sources d'eau chaude géothermiques, comme le Blue Lagoon, où vous pourrez vous baigner dans des eaux chaudes riches en minéraux dans un paysage volcanique surréaliste.

Meilleure période pour un voyage à bas prix :

La basse saison, de septembre à mai, est moins chère, mais il faut tenir compte du fait que certains itinéraires peuvent être fermés ou difficiles à emprunter en raison des conditions météorologiques hivernales.

Faits intéressants :

L'Islande est une terre de contrastes. Elle se trouve au sommet de la dorsale médio-atlantique, où les plaques tectoniques nord-américaine et eurasienne se rencontrent, créant ainsi une région géologiquement active. Cette activité géologique est à l'origine de nombreux geysers, sources chaudes et paysages volcaniques, qui ajoutent au charme unique du pays. L'Islande est également connue pour son patrimoine littéraire, avec une riche tradition de sagas et de folklore qui ont façonné sa culture au fil des siècles.

Les choses à faire :

Laissez-vous emporter par l'esprit d'aventure et partez en randonnée sur des sentiers pittoresques, explorez des grottes volcaniques ou faites une balade en motoneige sur un glacier. Participez à une excursion d'observation des baleines pour voir les majestueuses créatures marines dans leur habitat naturel. Le soir, partez à la recherche des mystiques aurores boréales qui dansent dans le ciel sombre de l'hiver ou profitez du soleil de minuit pendant les mois d'été.

Continent Américain

19 Ville de Oaxaca
Mexique

Introduction à la destination :

Dites bonjour à la ville d'Oaxaca, l'âme du Mexique. Cette ville dynamique, nichée dans la région sud du pays, est un monde où les traditions séculaires se mêlent harmonieusement aux vibrations modernes. C'est un endroit où chaque coin de rue est rempli d'architecture coloniale colorée, de charmantes rues pavées et de plazas verdoyantes. Oaxaca n'est pas seulement un lieu, c'est un sentiment, une expérience qui résonne dans votre cœur longtemps après votre départ.

Meilleure période pour un voyage à bas prix :

Optez pour la saison sèche, de novembre à mars, pour trouver des prix plus abordables et un climat agréable.

Comment s'y rendre :

La ville de Oaxaca est facilement accessible par voie aérienne grâce à son aéroport, Xoxocotlan International. Il propose des vols réguliers en provenance et à destination de Mexico et de nombreuses autres destinations mexicaines importantes. Pour ceux qui préfèrent voyager par la route, il est possible de prendre un bus depuis Mexico, ce qui prend environ 6-7 heures.

Faits intéressants :

Saviez-vous que la ville d'Oaxaca abrite la plus grande population indigène du Mexique ? Plus de 16 cultures indigènes vivent dans la région depuis des milliers d'années, chacune avec sa propre langue et ses propres traditions. C'est pourquoi la ville d'Oaxaca est souvent considérée comme la "capitale culturelle du Mexique".

En outre, la région entourant la ville d'Oaxaca est célèbre pour la production de mezcal. Le mezcal est une boisson alcoolisée fabriquée à partir du cœur de l'agave. Oaxaca produit environ 90 % de tout le mezcal du Mexique. Il s'agit d'une boisson forte au goût fumé. Essayez-la, mais n'oubliez pas de la boire lentement !

Les choses à faire :

La ville d'Oaxaca est un paradis pour les gourmands. C'est le berceau du mole, une sauce mexicaine traditionnelle, dont il existe sept types différents au total. Chacune a une saveur unique, du Mole Negro chocolaté au Mole Amarillo fruité. Participez à un cours de cuisine pour apprendre à préparer ces mole ou dînez dans un restaurant local pour les goûter.

Outre la gastronomie, la ville possède une scène artistique dynamique. Rendez visite aux artisans locaux dans leurs ateliers et observez-les créer de magnifiques céramiques, des textiles et bien d'autres choses encore.

Enfin, un voyage à Oaxaca ne serait pas complet sans assister aux célébrations du "Jour des morts" si vous vous y rendez à la fin du mois d'octobre ou au début du mois de novembre. La ville entière s'anime au rythme de la musique, des danses et des processions colorées.

Ce qu'il faut voir et expérimenter :

Le cœur de la ville d'Oaxaca est son magnifique centre historique, déclaré "patrimoine mondial de l'humanité".

Site du patrimoine mondial de l'UNESCO. Vous pourrez flâner dans les marchés animés, explorer les belles églises ou simplement vous asseoir dans un café et regarder le monde passer.

L'un des sites incontournables est l'église Santo Domingo, un édifice ecclésiastique baroque à l'histoire fascinante. Juste à côté se trouve le jardin ethnobotanique, où vous pourrez découvrir la riche biodiversité d'Oaxaca.

20 Monteverde
Costa Rica

Introduction à la destination :

Si vous avez toujours rêvé d'explorer un endroit qui semble tout droit sorti d'un conte de fées, alors bienvenue à Monteverde, au Costa Rica. Cet endroit, caché dans la région montagneuse du Costa Rica, abrite l'un des paysages les plus surréalistes au monde : les forêts de nuages. Il est également célèbre pour ses plantations de café, qui produisent certains des meilleurs produits au monde. C'est un endroit où le charme de la nature vous laissera sous le charme.

Comment s'y rendre :

Monteverde se trouve à environ trois heures de route de San José, la capitale du Costa Rica. Le trajet est assez pittoresque et vous mènera à travers des collines ondulantes et des paysages verdoyants. Vous pouvez louer une voiture, prendre un bus ou opter pour un service de navette.

Ce qu'il faut voir et expérimenter :

La magie de Monteverde réside dans ses forêts de nuages enchanteresses. Il s'agit de forêts où le brouillard s'installe, créant une brume perpétuelle qui confère une atmosphère d'un autre monde. La plus célèbre est la réserve de Monteverde Cloud Forest, où l'on peut marcher dans les nuages, littéralement !

Le Wild Adventure Park est un autre lieu incontournable, où l'on peut marcher sur des ponts suspendus, faire de la tyrolienne et s'approcher de la faune costaricienne. Et n'oublions pas les plantations de café. Faites une visite guidée et découvrez comment le café costaricien de qualité supérieure est produit, du grain à la tasse.

Les choses à faire :

Monteverde est un paradis pour les amateurs d'aventure. Vous pouvez faire des randonnées dans les forêts de nuages, pour repérer des oiseaux et des animaux rares. Vous pouvez également faire de l'équitation, de la tyrolienne et des promenades nocturnes pour repérer les créatures nocturnes.

Les amateurs de gastronomie peuvent déguster la délicieuse cuisine costaricienne dans les restaurants locaux. Goûtez au café local et ne manquez pas le délicieux fromage, une spécialité de Monteverde.

Faits intéressants :

Saviez-vous que Monteverde abrite plus de 2,5 % de la biodiversité mondiale ? Ce n'est pas peu pour un endroit de cette taille ! C'est aussi un paradis pour les ornithologues, avec plus de 400 espèces d'oiseaux, dont le splendide quetzal, l'un des plus beaux oiseaux du monde.

Autre curiosité : Monteverde est un pionnier du tourisme communautaire. Les habitants ont pris le tourisme en main pour s'assurer qu'il profite à la communauté et qu'il protège son environnement unique.

Monteverde est vraiment une belle destination. C'est un endroit qui vous permet de vous éloigner de l'agitation de la vie urbaine et d'entrer dans un monde magique de forêts de nuages à couper le souffle, de café délicieux et d'habitants sympathiques. Quel que soit le type de voyageur que vous êtes, Monteverde a quelque chose à offrir. Qu'il s'agisse d'aventure, de détente, de faune et de flore ou de bonne cuisine, vous trouverez votre bonheur à Monteverde. Alors, êtes-vous prêt à vivre une expérience de voyage sans précédent ?

Meilleure période pour un voyage à bas prix :

La basse saison, de mai à novembre, est la période idéale pour trouver de bonnes affaires.

21 San Pedro de Atacama
Chile

Introduction à la destination :

Imaginez que vous pénétrez dans un monde différent, où le soleil brille sur un paysage composé de formations rocheuses rouges, de dunes de sable et d'étranges paysages lunaires. Bienvenue à San Pedro de Atacama ! Située dans les montagnes andines du nord-est du Chile, cette ville est le point de départ idéal pour explorer la beauté unique du désert d'Atacama, le désert le plus sec du monde.

Comment s'y rendre :

San Pedro de Atacama peut sembler éloigné, mais il n'est pas trop difficile de s'y rendre. L'aéroport le plus proche est celui de Calama, à environ 90 minutes de route. Vous pouvez prendre un vol pour Calama depuis Santiago, la capitale du Chile, puis prendre un bus ou un taxi jusqu'à San Pedro de Atacama.

Les choses à faire :

À San Pedro de Atacama, les aventures sont illimitées. Vous pouvez faire du sandboard dans les dunes, escalador un volcan ou vous baigner dans une lagune salée. La nuit, participez à une excursion d'observation des étoiles et admirez la Voie lactée. Et si vous voulez vous détendre, visitez le centre-ville pittoresque avec ses maisons en adobe, ses jolis cafés et ses marchés d'artisanat local.

Faits intéressants :

Saviez-vous que certaines zones du désert d'Atacama n'ont jamais reçu une goutte de pluie ? C'est l'un des endroits les plus secs de la planète ! Mais malgré ces conditions difficiles, la vie trouve son chemin. Le désert abrite différents types de cactus et des animaux tels que les vigognes, les viscaches et les flamants roses.

San Pedro de Atacama n'est pas seulement une porte d'entrée vers des merveilles naturelles, c'est aussi un lieu riche en histoire. La ville était autrefois une étape clé sur la route commerciale des Incas et il y a plusieurs sites archéologiques dans la région où vous pourrez découvrir le passé de la région.

San Pedro de Atacama est un endroit où la beauté naturelle, les activités passionnantes et la riche culture se combinent pour créer une expérience de voyage inoubliable. Si vous êtes à la recherche d'un voyage hors du commun, c'est l'endroit idéal pour vous !

Ce qu'il faut voir et expérimenter :

Le désert d'Atacama regorge d'attractions incroyables. Vous ne pouvez pas manquer la Valle de la Luna, un endroit où le paysage aride et les formations rocheuses étranges vous donnent l'impression de marcher sur la lune. Au coucher du soleil, la vallée prend des teintes rouges et orangées, créant une vue à couper le souffle.

À proximité, vous trouverez les salines d'Atacama, où vivent des flamants roses, et les geysers du Tatio, où des jets de vapeur s'échappent du sol. Au coucher du soleil, n'oubliez pas de lever les yeux. Le désert d'Atacama possède l'un des ciels les plus clairs au monde, ce qui en fait un paradis pour les observateurs d'étoiles.

Meilleure période pour un voyage à bas prix :

La basse saison, d'avril à novembre, est moins chère et permet encore de profiter de paysages spectaculaires.

22 Îles Galapagos
Ecuador

Introduction à la destination :

Imaginez un endroit où vous pouvez nager avec des otaries enjouées, regarder dans les yeux des tortues géantes et observer la danse des fous à pieds bleus. Bienvenue dans les îles Galápagos ! Située à environ 600 miles au large de l'Ecuador, cette chaîne d'îles volcaniques est l'un des endroits les plus uniques et les plus passionnants au monde. Des volcans actifs aux formations de lave stériles, des plages de sable blanc aux eaux turquoise, chaque île de l'archipel des Galápagos raconte sa propre histoire.

Ce qu'il faut voir et expérimenter :

Chaque île des Galápagos est unique et mérite d'être explorée. Sur l'île de Santa Cruz, vous pouvez visiter la station de recherche Charles Darwin pour en savoir plus sur les efforts de conservation en cours. Sur l'île Isabela, la plus grande de l'archipel, vous pouvez faire une randonnée jusqu'au cratère du volcan Sierra Negra, l'un des volcans les plus actifs au monde. Sur l'île de Genovesa, en revanche, vous trouverez des milliers d'oiseaux, dont des fous à pieds rouges et des frégates.

Comment s'y rendre :

Atteindre les îles Galápagos demande un peu d'organisation, mais le voyage en vaut vraiment la peine. La première étape est l'Écuador. De là, vous pouvez prendre un vol de Quito ou de Guayaquil vers les Galápagos. Le vol dure environ deux heures. Une fois à terre, vous pouvez utiliser les services de bateaux pour vous déplacer entre les îles.

Les choses à faire :

Aux Galápagos, les activités sont axées sur la nature. Vous pouvez faire du snorkeling et de la plongée pour découvrir un monde sous-marin rempli de poissons colorés, de requins et de tortues de mer. Vous pouvez faire des randonnées à travers différents paysages, des hauts plateaux luxuriants aux tunnels de lave. Vous pouvez également passer une journée à la plage et partager votre place au soleil avec un lion de mer !

Et n'oublions pas la tortue des Galápagos, cette créature géante et amicale qui est devenue un symbole des îles.

Vous pouvez visiter une réserve de tortues pour en connaître mieux ces animaux extraordinaires.

Faits intéressants :

Les îles Galápagos doivent leur nom à leurs célèbres tortues. Le mot "Galapagos" vient de l'ancien mot espagnol "galapago", qui signifie tortue. Ces îles ont joué un rôle clé dans la théorie de l'évolution de Charles Darwin après sa visite en 1835. Aujourd'hui, elles constituent un laboratoire vivant pour les scientifiques du monde entier.

Les îles Galápagos sont un lieu magique où vous pouvez entrer en contact avec la nature comme nulle part ailleurs. Elles offrent une expérience de voyage unique qui vous fera découvrir la beauté et la complexité du monde naturel. Que vous soyez un passionné de la faune et de la flore, un amateur d'aventure ou une personne à la recherche de vacances uniques, les Galápagos sont un voyage à ne pas manquer.

Meilleure période pour un voyage à bas prix :

La basse saison, de juin à novembre, est moins chère, mais il faut savoir que certaines espèces animales peuvent être moins visibles.

23 Le Pantanal
Brésil

Introduction à la destination :

Bienvenue au Pantanal, la plus grande zone humide tropicale du monde. S'étendant sur une partie du Brésil, de la Bolivie et du Paraguay, le Pantanal est un paradis pour les amoureux de la nature. C'est un endroit où l'expression "grouillant de vie" prend tout son sens. Des oiseaux vibrants qui volent au-dessus de la tête aux jaguars insaisissables qui parcourent ses terres, le Pantanal est un mélange passionnant de beauté et de nature sauvage.

Les choses à faire :

Dans le Pantanal, les possibilités d'aventure sont infinies. Vous pouvez explorer les zones humides à cheval, pêcher le piranha ou même vous essayer au canoë. Et lorsque le soleil se couche, il n'y a rien de mieux que de s'asseoir près du feu, d'écouter les sons de la nature et d'observer le ciel étoilé.

Les gourmands ne seront pas en reste. Ne manquez pas de goûter aux plats locaux tels que le Pintado, un poisson de rivière, et l'Arroz Carreteiro, un délicieux plat de riz et de viande.

Comment s'y rendre :

Pour se rendre au Pantanal, il faut généralement prendre un vol vers les aéroports internationaux du Brésil - São Paulo ou Rio de Janeiro - puis un vol intérieur vers Cuiabá ou Campo Grande. De là, vous pouvez engager un guide local ou un tour opérateur pour vous emmener au Pantanal.

Ce qu'il faut voir et expérimenter :

Lorsque l'on met le pied pour la première fois dans le Pantanal, on est frappé par sa taille. C'est une étendue de marécages, de rivières et de forêts qui s'étend à perte de vue. Mais c'est la faune qui vole la vedette. Le Pantanal abrite une incroyable variété d'animaux, notamment des jaguars, des capybaras, des caïmans et d'innombrables espèces d'oiseaux.

L'un des points forts de tout voyage au Pantanal est le safari en bateau sur les rivières, qui permet de voir les animaux dans leur habitat naturel. N'oubliez pas de préparer votre appareil photo ! Une autre activité à ne pas manquer est une promenade guidée dans la nature, qui vous permettra d'en apprendre davantage sur l'écosystème unique de la région.

Faits intéressants :

Saviez-vous que le Pantanal est l'un des meilleurs endroits au monde pour observer des jaguars à l'état sauvage ? Les zones humides sont également un paradis pour les ornithologues, puisqu'elles abritent environ 1 000 espèces d'oiseaux. De plus, en raison des inondations saisonnières du Pantanal, le paysage change radicalement tout au long de l'année, offrant une expérience différente à chaque visite.

Meilleure période pour un voyage à bas prix :

La saison sèche, d'avril à septembre, offre des prix plus abordables et permet d'observer la faune locale.

24 La Havane
Cuba

Introduction à la destination :

Bienvenidos a Havana ! Entrez dans un monde figé dans le temps, où les voitures anciennes sillonnent les rues et les maisons aux couleurs pastel bordent les avenues. La Havane, la vibrante capitale de Cuba, est une ville qui respire le charme et capture l'essence d'une époque révolue. Avec son architecture coloniale espagnole, sa scène musicale vibrante et ses habitants accueillants, La Havane est une destination qui vous séduira et vous laissera sur votre faim.

Comment s'y rendre :

Il est relativement facile de se rendre à La Havane. Si vous arrivez de l'extérieur de Cuba, vous pouvez prendre un vol direct pour l'aéroport international José Martí, situé juste à l'extérieur de la ville. La Havane est également un port de croisière très fréquenté, de nombreux navires accostant au port de La Havane

Ce qu'il faut voir et expérimenter :

La Havane est une ville qui allie sans peine histoire, culture et atmosphère animée. Commencez votre voyage en explorant l'emblématique Malecón, une promenade au bord de l'eau qui s'étend le long de la côte de la ville. De là, plongez dans la Vieille Havane, classée au patrimoine mondial de l'UNESCO, où les rues pavées étroites vous mènent à des places de l'époque coloniale, à de grandes cathédrales et à des musées fascinants.

Aucune visite à La Havane n'est complète sans faire l'expérience des rythmes trépidants de la musique cubaine. Sirotez un mojito rafraîchissant et laissez les sons sensuels de la salsa et de la rumba vous transporter dans un autre monde. N'oubliez pas de visiter le célèbre cabaret Tropicana, où les spectacles sous les étoiles vous laisseront sans voix.

Les choses à faire :

La Havane offre une myriade d'activités pour tous les goûts. Promenez-vous tranquillement le long de la Promenade du Prado, une avenue bordée d'arbres, remplie de statues, de vendeurs d'art et de charmants cafés. Explorez l'imposante forteresse du Castillo de la Real Fuerza, qui témoigne de l'histoire maritime de La Havane. Admirez l'opulence du Capitole, un majestueux bâtiment néoclassique qui abritait autrefois le gouvernement cubain.

Pour un aperçu de la scène artistique vibrante de La Havane, visitez la Fabrica de Arte Cubano, un centre culturel innovant qui présente de l'art contemporain, de la musique et des spectacles. Si vous êtes amateur de cigares, offrez-vous une visite dans une fabrique de tabac locale et assistez à la fabrication artisanale des cigares cubains, célèbres dans le monde entier.

Faits intéressants :

La Havane est une ville riche en histoire et en curiosités fascinantes. Saviez-vous que La Havane abrite la plus grande collection de voitures anciennes au monde ? Ces véhicules des années 1950, magnifiquement conservés, ne sont pas seulement un spectacle : ils font partie intégrante du système de transport de La Havane. Ne vous étonnez pas non plus si vous tombez sur les endroits préférés d'Ernest Hemingway, comme La Bodeguita del Medio et El Floridita, où vous pourrez déguster un mojito rafraîchissant ou un daiquiri classique.

En flânant dans les rues de La Havane, vous pourrez admirer le mélange d'influences espagnoles, africaines et caribéennes qui façonnent la culture unique de la ville. La chaleur des gens, les couleurs vives et le rythme de vie incomparable de La Havane laisseront une marque indélébile sur votre âme.

25 Tall Trees Grove
Californie, États-Unis

Comment s'y rendre :

Atteindre Tall Trees Grove demande un peu d'aventure. Situé dans les parcs nationaux et d'État de Redwood, il se trouve le long du littoral de la Californie du Nord. Le meilleur moyen d'y accéder est de passer par la ville voisine d'Orick. De là, un permis est nécessaire pour accéder au bosquet, ce qui garantit la conservation et un impact limité sur cette merveille naturelle immaculée.

Ce qu'il faut voir et expérimenter :

Lorsque vous pénétrez dans le Tall Trees Grove, préparez-vous à être surpris par l'impressionnante grandeur qui vous entoure. Les séquoias imposants, qui atteignent une hauteur de plus de 300 pieds, créent une atmosphère de cathédrale. Prenez le temps d'explorer les sentiers sereins qui serpentent à travers le bosquet, en vous immergeant dans la tranquillité de la nature. Écoutez le murmure de la brise et le doux bruissement des feuilles en vous promenant sous le feuillage imposant.

Introduction à la destination :

Préparez-vous à vous laisser impressionner par les majestueux géants de Tall Trees Grove ! Niché dans les forêts enchanteresses du nord de la Californie, ce joyau caché abrite certains des plus grands arbres de la planète. Entrez dans un royaume d'une beauté naturelle impressionnante, où les séquoias imposants s'étendent vers le ciel, créant une atmosphère de sérénité et d'humilité.

Meilleure période pour un voyage à bas prix :

Le printemps et l'automne sont les meilleures périodes pour visiter Tall Trees Grove, les tarifs des hôtels étant généralement inférieurs à ceux de la saison estivale, lorsque le tourisme atteint son apogée.

Faits intéressants :

Les séquoias de la Tall Trees Grove font partie de l'écosystème ancien et menacé du séquoia de la côte, qui a survécu pendant des millions d'années. On estime que certains des arbres de ce bosquet ont plus de 1 000 ans, ce qui en fait des témoins vivants du passage du temps. L'arbre le plus haut du bosquet, connu sous le nom d'"Hyperion", atteint une hauteur impressionnante de plus de 1,5 mètre, ce qui en fait l'un des arbres les plus hauts de la planète.

Le bosquet de grands arbres nous rappelle l'importance de la préservation de notre patrimoine naturel. Il offre une opportunité d'introspection et une chance de se reconnecter avec la puissance et la beauté impressionnantes du monde naturel. La visite de ce bosquet enchanteur est une invitation à apprécier la magnificence de la nature et à marcher avec légèreté sur cette planète fragile qui est la nôtre.

Les choses à faire :

Le Tall Trees Grove propose une variété d'activités pour les visiteurs de tous âges. Les randonneurs peuvent emprunter des sentiers pittoresques qui serpentent à travers le bosquet, offrant des aperçus d'arbres anciens et de la paisible Smith River. Pour une expérience encore plus immersive, vous pouvez camper dans des zones désignées et passer la nuit sous la canopée de ces magnifiques géants. Imaginez que vous vous réveillez avec la douce lumière du soleil filtrant à travers les arbres imposants et rajeunissant votre esprit.

Pour les amateurs de photographie, Tall Trees Grove est un havre de merveilles visuelles. Saisissez les détails complexes des troncs couverts de mousse, jouez avec les jeux d'ombre et de lumière et essayez de transmettre la grandeur de ces êtres majestueux dans vos photos.

26 Glacier Perito Moreno
Argentine

Introduction à la destination :

Bienvenue au majestueux glacier Perito Moreno, l'une des merveilles naturelles les plus impressionnantes de la Patagonie argentine. Situé dans le parc national Los Glaciares, ce glacier est une magnifique démonstration de la puissance et de la beauté de la nature. Des murs de glace impressionnants, des nuances de bleu à couper le souffle et des craquements tonitruants lorsque la glace se brise dans les eaux turquoises en contrebas font du glacier Perito Moreno un spectacle inoubliable.

Comment s'y rendre :

Accéder au glacier Perito Moreno est une aventure en soi. La ville la plus proche est El Calafate, qui dispose d'un aéroport avec des vols nationaux et internationaux. Depuis El Calafate, le glacier est accessible en une heure et demie de voiture. Vous pouvez louer une voiture ou participer à une visite guidée, une option très appréciée des visiteurs.

Ce qu'il faut voir et expérimenter :

Préparez-vous à être fasciné par la grandeur du glacier Perito Moreno. Cette formation glaciaire colossale s'étend sur 250 kilomètres carrés et mesure environ 70 mètres de haut. Le glacier en mouvement constant crée un paysage dynamique et offre un spectacle sans cesse renouvelé. Observez les énormes morceaux de glace qui se détachent du glacier et s'écrasent dans le lac avec un bruit de tonnerre, créant ainsi un spectacle naturel inoubliable.

Faits intéressants :

Le glacier Perito Moreno n'est pas une simple formation de glace statique. C'est l'un des rares glaciers au monde qui continue à avancer. Son mouvement crée un phénomène naturel connu sous le nom de "rupture" ou "vêlage", lorsque d'énormes morceaux de glace se détachent et plongent dans les eaux turquoises en contrebas. Ce processus fascinant, accompagné des bruits de rupture qui se répercutent dans l'environnement, crée une expérience sensorielle inoubliable.

Les choses à faire :

L'exploration du glacier Perito Moreno est une expérience extraordinaire. Faites une promenade guidée le long des sentiers prévus à cet effet et admirez les vues panoramiques du glacier depuis différents points de vue points d'observation. Pour une rencontre au plus près, participez à une excursion en bateau qui navigue sur les eaux glacées et vous permet d'admirer les imposantes parois du glacier d'un point de vue unique. Les plus aventureux peuvent également s'essayer au trekking sur glace, en enfilant des crampons et en explorant les crevasses et les séracs du glacier avec l'aide de guides expérimentés.

Meilleure période pour un voyage à bas prix :

Le printemps et l'automne offrent des prix plus abordables et des températures moins rigoureuses.

27 Chutes de Kaieteur
Guyane

Introduction à la destination :

Préparez-vous à être stupéfaits par la puissance brute et la beauté époustouflante des chutes de Kaieteur, une véritable merveille naturelle cachée au cœur de la dense forêt tropicale de Guyane. Réputées pour être l'une des chutes d'eau les plus puissantes au monde, les chutes de Kaieteur sont un spectacle envoûtant qui vous laissera bouche bée face à la grandeur de la nature. Avec son grondement et la brume qui s'élève comme un voile mystique, ce joyau caché est une visite incontournable pour les amateurs d'aventure et de nature.

Meilleure période pour un voyage à bas prix :

La basse saison, de septembre à novembre, est moins chère et permet de profiter des majestueuses chutes d'eau avec moins de touristes.

Comment s'y rendre :

Atteindre les chutes de Kaieteur est une aventure en soi. Les chutes sont situées dans le parc national de Kaieteur, que l'on peut atteindre par un court vol depuis Georgetown, la capitale du Guyana. En survolant la forêt tropicale dense, vous pourrez apercevoir la nature vierge de la Guyane et anticiper le spectacle majestueux qui vous attend.

Ce qu'il faut voir et expérimenter :

Préparez-vous à avoir le souffle coupé lorsque vous verrez les impressionnantes chutes de Kaieteur. Les chutes de Kaieteur, qui tombent en cascade d'une hauteur d'environ 226 mètres, sont presque cinq fois plus hautes que les célèbres chutes du Niagara. La force et le volume de l'eau qui se déverse en cascade créent un spectacle envoûtant de la puissance de la nature. Montez sur la plate-forme d'observation et sentez la brume sur votre visage tandis que vous vous émerveillez devant le magnifique spectacle qui s'offre à vous.

Faits intéressants :

Les chutes de Kaieteur ne sont pas seulement connues pour leur hauteur et leur puissance impressionnantes, mais aussi pour leur environnement naturel vierge. Contrairement à certaines chutes d'eau populaires, les chutes de Kaieteur restent relativement intactes, offrant un sentiment de beauté vierge et de tranquillité. C'est un havre pour des espèces rares de flore et de faune, ce qui en fait un paradis pour les amoureux de la nature et les défenseurs de l'environnement.

En outre, les chutes de Kaieteur sont riches en légendes et en folklore locaux. Selon la mythologie amérindienne, les chutes ont été créées par un esprit puissant et leur rugissement est considéré comme la voix des anciens dieux.

Les choses à faire :

Bien que l'attraction principale soit sans aucun doute la chute d'eau elle-même, le parc national de Kaieteur offre bien plus que des chutes d'eau. Explorez la forêt tropicale environnante lors de randonnées guidées, où vous pourrez rencontrer une flore et une faune uniques, notamment des oiseaux colorés et des orchidées exotiques. N'oubliez pas votre appareil photo : c'est un paradis pour les photographes de nature.

Pour les plus aventureux, vous pouvez embarquer pour un vol panoramique au-dessus du parc afin d'admirer les chutes d'un point de vue différent. La vue aérienne offre un panorama encore plus époustouflant des chutes de Kaieteur et du paysage luxuriant qui les entoure.

28 Belize

Introduction à la destination :

Bienvenue au Belize, véritable paradis tropical d'Amérique centrale. Ce petit pays abrite la deuxième plus grande barrière de corail au monde, offrant des possibilités inégalées de plongée et de snorkeling dans des eaux cristallines regorgeant de faune et de flore marines. Avec ses plages immaculées, ses forêts tropicales luxuriantes et ses anciennes ruines mayas, le Belize est une destination qui séduit les amoureux de la nature et de l'histoire.

Comment s'y rendre :

Vous pouvez vous rendre au Belize en prenant l'avion à l'aéroport international Philip S.W.. L'aéroport international Goldson, situé juste à l'extérieur de la plus grande ville du pays, Belize City. De nombreuses compagnies aériennes internationales proposent des vols directs depuis les principales villes des États-Unis, du Mexique et d'autres pays d'Amérique centrale. Depuis Belize City, vous pouvez facilement rejoindre d'autres destinations à l'intérieur du pays par des vols intérieurs ou des moyens de transport.

Meilleure période pour un voyage à bas prix :

La saison des pluies, de juin à novembre, offre des tarifs plus avantageux, mais il faut savoir que les pluies peuvent être fréquentes.

Les choses à faire :

Outre la plongée avec tuba et la plongée sous-marine, le Belize offre une multitude d'activités. Participez à un safari le long de la rivière Belize, en gardant un œil sur les crocodiles et les espèces d'oiseaux tropicaux. Faites du tubing dans les mystérieuses rivières souterraines de la réserve archéologique de Caves Branch ou partez en randonnée dans les forêts tropicales luxuriantes, à la rencontre d'une faune unique comme les singes hurleurs et les jaguars.

Ce qu'il faut voir et expérimenter :

Explorez la fascinante barrière de corail du Belize, classée au patrimoine mondial de l'UNESCO. Plongez dans le Grand Trou Bleu, un célèbre gouffre sous-marin, ou nagez à côté des requins nourrices et des récifs colorés dans la Shark Ray Alley. Aventurez-vous à l'intérieur des terres vers d'anciennes ruines mayas, comme Xunantunich ou Caracol, et découvrez l'histoire et la culture fascinantes de cette ancienne civilisation.

Faits intéressants :

Le Belize abrite le célèbre Grand Trou Bleu, une merveille naturelle qui attire les plongeurs du monde entier. Il s'agit d'un gouffre submergé mesurant plus de 300 mètres de diamètre et 124 mètres de profondeur. Le Belize est également connu pour son patrimoine culturel vibrant, avec une population diversifiée comprenant des communautés mayas, garifunas et métisses.

29 Île de Pâques
Chile

Introduction à la destination :

Bienvenue sur l'île de Pâques, un lieu plein de mystère et de fascination. Située dans la vaste étendue de l'océan Pacifique, cette île isolée est réputée pour ses sites archéologiques énigmatiques et ses statues de pierre emblématiques appelées moai. C'est une destination qui stimule la curiosité et capte l'imagination des voyageurs du monde entier.

Comment s'y rendre :

Atteindre l'île de Pâques est une aventure en soi. L'île de Pâques est l'une des îles habitées les plus éloignées et nécessite un vol d'environ cinq heures au départ de Santiago, la capitale du Chile. Préparez-vous à être émerveillé lorsque vous débarquerez sur cette île fascinante, entourée par l'immensité de l'océan.

Meilleure période pour un voyage à bas prix :

La basse saison, d'avril à novembre, offre des prix plus abordables, mais vérifiez les conditions météorologiques car l'île peut être venteuse à cette période.

Ce qu'il faut voir et expérimenter :

Les sites archéologiques de l'île de Pâques constituent la principale attraction. Explorez les mystérieux moai, ces statues de pierre massives qui parsèment le paysage de l'île. Ces figures imposantes, créées par l'ancien peuple Rapa Nui, suscitent un sentiment d'émerveillement et de curiosité. Visitez Rano Raraku, la carrière de pierre où les moai ont été sculptés, et admirez Ahu Tongariki, la plus grande plate-forme cérémonielle ornée de quinze moai restaurés.

Fatti Faits intéressants ::

L'île de Pâques abrite quelque 900 statues moai, chacune ayant ses propres caractéristiques et sa propre histoire. Le mystère qui entoure leur création et leur transport intrigue les chercheurs et les visiteurs depuis des siècles. En observant ces sentinelles silencieuses, vous serez transporté dans un monde de merveilles anciennes et de secrets intemporels.

Les choses à faire :

Pendant votre séjour sur l'île de Pâques, prenez le temps de vous immerger dans la culture polynésienne unique du peuple Rapa Nui. Assistez à des spectacles de danse traditionnelle, écoutez des histoires fascinantes transmises de génération en génération et savourez les saveurs de la cuisine locale. Explorez des plages immaculées, faites des randonnées dans les cratères volcaniques et admirez des couchers de soleil à couper le souffle avec l'océan Pacifique en toile de fond.

Asie et Océanie

30 Takayama
Japon

Introduction à la destination :

Takayama est comme une bouffée d'air frais. C'est une petite ville nichée dans les Alpes japonaises, loin des foules bruyantes de Tokyo ou d'Osaka. Certains l'appellent le "petit Kyoto" en raison de sa vieille ville bien entretenue et de son atmosphère détendue. C'est l'endroit idéal pour se détendre et s'immerger dans la culture traditionnelle japonaise.

Comment s'y rendre :

Il est assez facile de se rendre à Takayama. La ville est bien reliée par train à de nombreuses grandes villes du Japon. Depuis Tokyo, il faut compter environ 4 heures de train. Vous devrez changer de train à Nagoya, mais ne vous inquiétez pas, le changement est facile.

Ce qu'il faut voir et expérimenter :

À Takayama, vous aurez l'impression de remonter le temps. Le quartier de Sanmachi Suji est à voir absolument. Vous y trouverez de vieilles maisons en bois datant de la période Edo. Le Takayama Jinya, ancien poste gouvernemental aujourd'hui transformé en musée, est un autre lieu fascinant à visiter.

Faits intéressants :

Deux fois par an, Takayama se transforme en ville de festival. Le Takayama Matsuri est l'un des plus beaux festivals du Japon. La ville est remplie de chars élaborés et les habitants exécutent des rituels vieux de plusieurs siècles. C'est un spectacle à voir !

Meilleure période pour un voyage à bas prix :

Évitez la saison des festivals au printemps et en automne. Les hivers sont moins chers, mais il faut se préparer à affronter le froid.

Les choses à faire :

Takayama est un délice pour les gourmets et les amateurs de culture. Vous pouvez visiter les brasseries locales et goûter différents types de saké, boisson traditionnelle japonaise. N'oubliez pas de goûter au Hida-gyu, un type de gâteau marbré. n'oubliez pas de goûter au Hida-gyu, une sorte de bœuf marbré célèbre dans la région. Si vous voulez vous essayer à l'artisanat local, vous pouvez participer à un cours de fabrication de poupées Sarubobo. Et après une journée bien remplie, il n'y a rien de mieux que de se détendre dans une source d'eau chaude, ou onsen, comme on les appelle au Japon.

31 Bhutan
Himalaya orientale

Introduction à la destination :

Cap à l'est, vers le pays serein et mystique du Bhoutan. Ce petit royaume, caché dans l'est de l'Himalaya, ne ressemble à aucun autre endroit sur terre. Connu sous le nom de "pays du dragon tonnant", le Bhoutan est le seul pays au monde à mesurer son succès en fonction du bonheur national brut. Ici, la spiritualité et la nature se marient à merveille, créant une atmosphère de paix et de tranquillité.

Comment s'y rendre :

Atteindre le Bhoutan est une aventure. Le pays ne possède qu'un seul aéroport international, à Paro, et Druk Air est la compagnie aérienne nationale qui assure des vols depuis des villes comme Bangkok, Katmandou et Delhi. Voler vers le Bhoutan est une expérience extraordinaire, avec des vues à couper le souffle sur l'Himalaya, y compris le mont Everest.

Ce qu'il faut voir et expérimenter :

Le Bhoutan est riche en beautés naturelles et en trésors culturels. À Thimphu, la capitale, vous trouverez le magnifique Tashichho Dzong, une forteresse qui sert de siège au gouvernement. Le Punakha Dzong, situé entre deux rivières, est une autre splendide forteresse qui mérite d'être visitée.

Les amoureux de la nature doivent se rendre dans la vallée de Phobjikha, qui abrite de rares grues à cou noir. Une excursion au monastère du Nid de tigre, perché sur une falaise à 900 mètres au-dessus de la vallée de Paro, est un must pour tout aventurier.

Faits intéressants :

Saviez-vous que le Bhoutan est le seul pays au monde dont les émissions de dioxyde de carbone sont négatives ? Il absorbe plus de dioxyde de carbone qu'il n'en émet, grâce à ses vastes forêts. L'engagement du pays en faveur du tourisme durable et de la préservation de sa culture et de sa nature est une véritable source d'inspiration !

Meilleure période pour un voyage à bas prix :

La saison des pluies en été est moins chère, mais il faut garder à l'esprit que le climat peut être moins favorable.

Les choses à faire :

Au Bhoutan, vous pourrez flâner dans les marchés animés et déguster des produits locaux tels que l'"ema datshi" (fromage pimenté). Vous pouvez vous initier au tir à l'arc, le sport national, ou prendre un bain traditionnel aux pierres chaudes. Visiter une maison locale et s'essayer à la préparation d'un repas bhoutanais est un excellent moyen de s'immerger dans la culture.

32 Fraser Island
Australia

Introduction à la destination :

Avez-vous déjà imaginé une île entièrement faite de sable ? Bienvenue sur l'île Fraser, en Australie, la plus grande île de sable du monde. Cet endroit extraordinaire s'étend sur plus de 120 kilomètres le long de la côte sud du Queensland. Mais ce n'est pas seulement sa taille qui impressionne. L'île Fraser est une merveille de forêts tropicales anciennes, de lacs d'eau douce, d'imposantes dunes de sable et d'une faune et d'une flore très variées. Il n'y a vraiment aucun autre endroit comme celui-là sur Terre.

Comment s'y rendre :

L'île Fraser se trouve à environ 300 kilomètres au nord de Brisbane et est accessible par ferry depuis Hervey Bay ou Rainbow Beach. Un véhicule 4x4 est nécessaire pour explorer l'île en raison des sentiers sablonneux. Il existe également des circuits organisés qui assurent le transport et couvrent les points forts de l'île.

Meilleure période pour un voyage à bas prix :

La basse saison s'étend de mai à septembre, lorsque les prix sont moins élevés et le temps doux.

Faits intéressants :

Saviez-vous que l'île Fraser est également connue sous son nom indigène, K'gari, qui signifie paradis ? Les Butchulla sont les propriétaires traditionnels de l'île et leur lien avec cette terre remonte à au moins 5 000 ans. Lorsque vous êtes ici, vous marchez dans une terre riche en histoire et en culture. De ses merveilles naturelles à son riche patrimoine culturel, l'île Fraser est une destination unique. C'est un lieu où l'aventure et la détente se rencontrent, où chaque vue est une carte postale et chaque moment un souvenir à immortaliser. Ce n'est pas seulement une île : c'est un paradis de sable et de soleil qui attend d'être exploré.

Ce qu'il faut voir et expérimenter :

L'île Fraser est riche en beautés naturelles. Ne manquez pas le lac McKenzie, un lac d'eau douce aux eaux cristallines et aux plages de sable blanc. C'est une véritable piscine naturelle ! La forêt tropicale est une autre merveille. Il est étonnant de voir de grands arbres luxuriants, comme l'arbre Satinay, pousser dans le sable.

Vous rencontrerez peut-être aussi la faune variée de l'île Fraser. Des dingos aux oiseaux et même aux baleines au large de la côte pendant la saison des migrations, la faune de cette région est impressionnante.

Les choses à faire :

Il y a beaucoup de choses à faire sur l'île Fraser pour vous occuper. Vous pouvez nager, faire de la randonnée ou pêcher. Une activité populaire consiste à parcourir les 75 Mile Beach, une route sablonneuse avec l'océan d'un côté et les dunes de l'autre.

Vous pouvez également visiter l'épave de Maheno, un paquebot naufragé qui rouille sur la plage depuis 1935. C'est un spectacle à voir. Et pour une expérience thermale unique, plongez dans les Champagne Pools. Il s'agit de bassins rocheux naturels où les vagues de l'océan créent des bulles semblables à celles du champagne.

33 Raja Ampat
Indonesia

Introduction à la destination :

Bienvenue à Raja Ampat, un paradis caché à l'extrême est de l'Indonésie. Cet archipel, situé au large de la pointe nord-ouest de la péninsule de Bird's Head en Nouvelle-Guinée, est un joyau inexploré qui regorge d'une vie marine époustouflante et de coraux éclatants. Raja Ampat, qui signifie "les quatre rois", est une destination qui danse au rythme de la nature et offre une expérience inégalée de la vie marine et des coraux monde sous-marin.

Comment s'y rendre :

L'accès aux Raja Ampat nécessite quelques déplacements, mais le jeu en vaut la chandelle. Vous pouvez prendre un vol pour la ville indonésienne de Sorong à partir de grandes villes comme Jakarta ou Bali. De Sorong, prenez un ferry pour Waisai sur l'île de Waigeo, l'une des quatre îles principales des Raja Ampat. De nombreuses stations balnéaires proposent un service de ramassage à partir de Waisai.

Ce qu'il faut voir et expérimenter :

La véritable magie des Raja Ampat réside sous la surface. Elles abritent l'écosystème de récifs coralliens le plus riche au monde, ce qui en fait un paradis pour les plongeurs et les amateurs de plongée avec tuba. La vie marine y est incroyablement variée, avec plus de 500 espèces de coraux et plus de 1 500 espèces de poissons.

Mais la beauté ne se limite pas au monde sous-marin. À la surface, vous trouverez des plages immaculées, des îles couvertes de jungle, des lagons cachés et des couchers de soleil envoûtants. Les îles sont en grande partie inhabitées, ce qui renforce le sentiment d'avoir trouvé un paradis privé.

Faits intéressants :

Raja Ampat n'est pas seulement un haut lieu de la biodiversité sous-marine, elle abrite également une avifaune unique. Plusieurs espèces d'oiseaux y vivent, dont l'oiseau de paradis rouge, endémique de la région. L'observation de l'extraordinaire danse nuptiale de ces oiseaux est une expérience très prisée des ornithologues du monde entier. Raja Ampat est plus qu'une simple destination : c'est une expérience qui capte les sens et laisse des souvenirs inoubliables. Sa beauté immaculée, sa vie marine dynamique et sa riche culture en font une destination incontournable pour ceux qui cherchent à explorer le chemin le moins fréquenté.

Meilleure période pour un voyage à bas prix :

La saison des pluies, de juin à septembre, offre des tarifs plus avantageux, mais il faut savoir qu'il peut y avoir des pluies occasionnelles.

Les choses à faire :

Les Raja Ampat permettent d'explorer les merveilles de la nature. La plongée et le snorkeling sont les principales activités. Vous pouvez nager avec les raies manta, explorer les récifs coralliens dynamiques ou même apercevoir les insaisissables requins wobbegong.

Les amateurs de trekking pourront se promener dans la jungle pour découvrir une faune unique et des points de vue à couper le souffle. Visitez les villages locaux et imprégnez-vous de la riche culture et des traditions de l'archipel. N'oubliez pas de faire une excursion en bateau traditionnel ou une croisière au coucher du soleil pour explorer les îles et profiter de la tranquillité de la région.

34 Rizières en terrasses de Banaue
Philippines

Introduction à la destination :

Pouvez-vous imaginer vous tenir au bord d'un immense escalier qui semble s'élever jusqu'aux nuages ? C'est le sentiment que l'on éprouve en visitant les rizières en terrasses de Banaue, aux Philippines. Cette impressionnante œuvre d'art a été sculptée dans les montagnes d'Ifugao par les ancêtres des peuples indigènes il y a environ 2 000 ans. La beauté et la taille de cet endroit en font un spectacle à ne pas manquer dont vous vous souviendrez toute votre vie.

Comment s'y rendre :

Se rendre à Banaue est une aventure en soi. Vous pouvez vous y rendre en prenant un bus de nuit depuis Manille, la capitale des Philippines. Le voyage dure environ neuf heures, mais il s'agit d'un voyage de nuit, ce qui vous permet de dormir un peu pendant le trajet. Le bus vous emmène à travers un paysage changeant, de la ville animée aux montagnes sereines et magnifiques.

Ce qu'il faut voir et expérimenter :

Une fois arrivé à Banaue, vos yeux seront comblés par la vue incroyable des rizières en terrasses. Ces anciennes terrasses ressemblent à un gigantesque escalier vert qui s'étire vers le ciel. Mais Banaue ne se résume pas aux rizières en terrasses. La ville elle-même est un lieu agréable à explorer, avec ses habitants chaleureux et son marché coloré.

Il existe également d'autres sites intéressants à proximité de Banaue. Batad est un village voisin qui permet de voir de près les rizières en terrasses. Cet endroit est plus calme et moins touristique, ce qui vous permet de profiter de la paix et de la beauté des terrasses sans les foules.

Meilleure période pour un voyage à bas prix :

La saison des pluies, de juin à novembre, est moins coûteuse, mais les pluies peuvent être fréquentes.

Faits intéressants :

Saviez-vous que les rizières en terrasses de Banaue sont souvent considérées comme la "huitième merveille du monde" ? Et il est facile de comprendre pourquoi. Ces terrasses ont été sculptées à la main, sans aucun outil moderne, ce qui en fait un exploit remarquable de l'ingéniosité et de la persévérance humaines.

Les choses à faire :

À Banaue, vous pouvez faire plus que regarder les rizières en terrasses. Vous pouvez aussi les explorer ! De nombreux sentiers vous emmènent à travers les terrasses, où vous pouvez voir les systèmes d'irrigation complexes et les méthodes agricoles traditionnelles encore utilisées aujourd'hui. N'oubliez pas de porter des chaussures solides et d'emporter de l'eau, car certaines de ces randonnées peuvent être difficiles.

Vous pourrez également visiter des villages Ifugao et découvrir leur culture et leur mode de vie. Ne manquez pas l'occasion de goûter à la cuisine locale, comme les gâteaux de riz de Banaue, préparés avec le riz des terrasses.

35 Valle di Jiuzhaigou
Cina

Introduction à la destination :

Si vous cherchez un endroit où l'art de la nature ne connaît pas de limites, la vallée de Jiuzhaigou, en Chine, est l'endroit idéal. Situé dans la partie nord de la province du Sichuan, ce parc national est une merveille de lacs sereins, de cascades, de pics enneigés et de forêts luxuriantes. La beauté de la vallée de Jiuzhaigou est si envoûtante qu'elle donne l'impression de pénétrer dans une peinture chinoise traditionnelle.

Faits intéressants :

Saviez-vous que la vallée de Jiuzhaigou est inscrite au patrimoine mondial de l'UNESCO ? Elle a obtenu cette reconnaissance en 1992 en raison de sa beauté naturelle exceptionnelle et de son importance en tant qu'habitat pour plusieurs espèces menacées. Le nom Jiuzhaigou signifie "Vallée des neuf villages" en chinois, en référence aux neuf villages tibétains situés dans la vallée.

Comment s'y rendre :

Pour rejoindre la vallée de Jiuzhaigou, il est probable que vous partiez de Chengdu, la capitale du Sichuan. Depuis Chengdu, il existe des vols directs vers l'aéroport de Jiuzhai Huanglong. Une fois à l'aéroport, vous pouvez louer un taxi ou prendre un bus jusqu'à la vallée, qui se trouve à environ 90 minutes de route.

Les choses à faire :

Il y a beaucoup à faire dans la vallée de Jiuzhaigou. Vous pouvez participer à une visite guidée pour en savoir plus sur l'écosystème et l'histoire du parc. Il existe également plusieurs sentiers de randonnée, du plus facile au plus difficile, qui vous emmènent à travers certaines des plus belles zones du parc.

Si vous êtes amateur de photographie, vous trouverez d'innombrables occasions d'immortaliser les paysages époustouflants de Jiuzhaigou. La vallée est particulièrement belle en automne, lorsque les feuilles changent de couleur et créent un contraste saisissant avec le bleu-vert des lacs.

Meilleure période pour un voyage à bas prix :

La basse saison, de novembre à mars, est moins chère, mais certaines parties du parc peuvent être fermées en hiver.

Ce qu'il faut voir et expérimenter :

Les principales attractions de la vallée de Jiuzhaigou sont les magnifiques lacs et les chutes d'eau. Les lacs sont célèbres pour leurs eaux claires qui changent de couleur tout au long de la journée et de l'année, en fonction de la lumière et du type d'algues présentes dans l'eau. Le lac des Cinq Fleurs est particulièrement beau avec ses eaux turquoises et son paysage sous-marin coloré.

La vallée abrite également de magnifiques chutes d'eau. La chute d'eau de Nuorilang est la plus célèbre et est à voir absolument. Nommée d'après les lacs Nuorilang situés à proximité, elle offre un spectacle incroyable lorsque l'eau se déverse en cascade le long de la montagne.

Si vous avez de la chance, vous pourrez peut-être même apercevoir des animaux sauvages dans la vallée. Jiuzhaigou abrite plusieurs espèces d'oiseaux et d'animaux, comme le takin du Sichuan et le panda géant.

36 Mongolia

Introduction à la destination :

La Mongolie est un lieu où les récits de l'histoire et les chuchotements de la culture nomade se font écho. C'est un pays aux contrastes saisissants, où les plaines herbeuses à perte de vue côtoient les paysages désertiques, où les anciennes traditions des nomades coexistent avec la modernité frénétique de la vie urbaine. De l'agitation de la capitale, Oulan-Bator, à la beauté tranquille du désert de Gobi et aux sommets enneigés des montagnes de l'Altaï, la Mongolie est une terre sauvage qui ne demande qu'à être découverte.

Comment s'y rendre :

Pour se rendre en Mongolie, le moyen le plus pratique est de prendre l'avion jusqu'à l'aéroport international Chinggis Khaan d'Oulan-Bator, qui est relié aux principales villes du monde. Une fois sur place, le meilleur moyen d'explorer l'immensité du pays est de louer une voiture avec chauffeur ou de participer à une visite guidée.

Faits intéressants :

Saviez-vous que la Mongolie est le pays le moins densément peuplé au monde ? Le pays est à peu près aussi grand que l'Europe occidentale, mais ne compte que trois millions d'habitants. Cette faible densité de population a permis de préserver le mode de vie nomade du pays et ses vastes paysages vierges.

Le spectacle des troupeaux de chevaux galopant dans la steppe, sans le moindre bâtiment en vue, est une expérience mongole unique qui restera gravée dans votre mémoire longtemps après la fin de votre voyage.

Ce qu'il faut voir et expérimenter :

La Mongolie est une terre aux vastes paysages vierges qui vous laisseront bouche bée. Le désert de Gobi, l'un des lieux les plus emblématiques de la Mongolie, est à voir absolument. Il abrite des dunes de sable à couper le souffle, des montagnes escarpées et une faune unique. Les falaises enflammées, connues pour leurs formations rocheuses orange vif, sont un spectacle à voir au coucher du soleil.

Le lac Khuvsgul, surnommé la "perle bleu foncé de la Mongolie", est un autre site à ne pas manquer. C'est l'un des lacs les plus profonds d'Asie centrale. Ses eaux claires et les forêts et montagnes qui l'entourent en font un paradis pour les amateurs d'activités de plein air.

Les choses à faire :

En Mongolie, vous pourrez vous immerger dans le mode de vie traditionnel des nomades. Vous pouvez séjourner dans un "ger", une yourte mongole traditionnelle, monter à cheval dans les steppes ouvertes et vivre le frisson d'une démonstration de chasse à l'aigle.

Ne manquez pas le festival "Naadam", le plus grand événement de l'année en Mongolie. Vous pourrez y assister à des jeux traditionnels tels que la lutte, les courses de chevaux et le tir à l'arc, qui mettent en valeur les compétences et la force du peuple mongol.

Les amateurs de cuisine doivent absolument goûter au barbecue mongol traditionnel, ou "Khorkhog". Il s'agit d'un plat de viande, généralement de l'agneau ou de la chèvre, cuit avec des pierres chaudes dans une grande marmite. C'est un véritable délice mongol !

Meilleure période pour un voyage à bas prix :

L'été est la meilleure période pour voyager économiquement et découvrir les steppes mongoles.

37 Maldive

Introduction à la destination :

Allons faire un tour au paradis, d'accord ? Les Maldives, un chapelet d'îles dans l'océan Indien, sont la définition même du paradis tropical. Imaginez : des plages blanches comme du sucre, des lagons d'un bleu cristallin, des récifs coralliens pleins de vie marine et des complexes hôteliers de luxe flottant sur l'eau. Oui, c'est aussi beau que cela en a l'air. Mais ce qui rend les Maldives encore plus uniques, c'est qu'elles ne se limitent pas à la détente. Cette nation insulaire a bien plus à offrir que des vues de carte postale.

Ce qu'il faut voir et expérimenter :

Les Maldives sont un endroit riche en nature et, bien sûr, en mer. Chaque centre de villégiature est situé sur une île privée, ce qui vous permet d'avoir un coin de paradis rien que pour vous. Vous y trouverez les plus belles plages du monde, mais ne restez pas toujours sur le sable. Entrez dans les lagons. L'eau y est si claire que vous pouvez voir les récifs coralliens colorés et les poissons tropicaux même sans faire de plongée avec masque et tuba.

Comment s'y rendre :

Il est plus facile de se rendre aux Maldives qu'on ne le pense. Malé, la capitale, est bien desservie par des vols directs en provenance de nombreuses villes du monde entier. Depuis Malé, vous embarquez à bord d'un hydravion ou d'un bateau rapide pour rejoindre votre lieu de villégiature et, oui, le voyage est aussi excitant qu'il en a l'air.

Faits intéressants :

Voici une curiosité concernant les Maldives : c'est le pays le plus bas du monde. Le niveau moyen du sol n'est que de 1,5 mètre au-dessus du niveau de la mer. Et le point culminant de tout le pays n'est que de 2,4 mètres. C'est une véritable île paradisiaque !

Enfin, quoi que vous fassiez aux Maldives, veillez à respecter l'environnement. Les Maldives constituent un écosystème délicat et c'est à nous qu'il incombe d'en préserver la beauté. Cela implique de ne pas toucher ou piétiner les récifs coralliens, de ne pas jeter de détritus et d'utiliser une crème solaire respectueuse de l'environnement. N'oubliez pas que nous ne sommes que des visiteurs dans ce monde sous-marin. Nous ne laissons que des empreintes et n'emportons que des souvenirs.

Les choses à faire :

Parlons maintenant des sports nautiques. Si vous êtes amateur de plongée ou de snorkeling, vous allez être comblé. Les Maldives possèdent certains des meilleurs sites de plongée au monde, avec une grande variété d'espèces marines à observer, notamment des raies manta, des requins et même des tortues de mer. Mais si la plongée n'est pas votre truc, ne vous inquiétez pas. Il y a beaucoup d'autres choses à faire. Vous pouvez essayer le paddleboard, la pêche, la voile ou même faire une promenade en bateau à fond de verre.

Une fois les activités nautiques terminées, pourquoi ne pas vous faire dorloter dans un spa ? De nombreuses stations balnéaires des Maldives proposent des installations de spa avec vue sur la mer. Imaginez que vous receviez un massage en regardant le coucher de soleil sur l'océan.

Le soir, savourez la cuisine maldivienne, un mélange fantastique de fruits de mer frais et de saveurs vives. La plupart des établissements proposent des soirées maldiviennes au cours desquelles vous pourrez goûter aux plats locaux et même assister à des spectacles de musique et de danse traditionnelles.

Meilleure période pour un voyage à bas prix :

La basse saison, de mai à novembre, offre des prix plus abordables, mais il faut se méfier des précipitations possibles pendant la saison des pluies.

38 Bornéo
Malaisie/Indonésie

Introduction à la destination :

Préparez-vous à explorer Bornéo, une île qui semble être un monde à part entière. Troisième plus grande île de la planète et la plus grande d'Asie, Bornéo est partagée entre la Malaisie, l'Indonésie et la minuscule nation de Brunei. Ce paradis tropical est un paradis pour les amoureux de la nature, avec ses forêts tropicales luxuriantes, sa faune exotique et son monde sous-marin coloré.

Comment s'y rendre :

L'île de Bornéo est accessible par voie aérienne, avec des aéroports internationaux dans les grandes villes telles que Kota Kinabalu (Malaisie) et Balikpapan (Indonésie). De nombreuses compagnies aériennes proposent des vols vers ces villes depuis différentes parties du monde. Une fois que vous avez atterri, des vols intérieurs, des bus et des bateaux peuvent vous emmener autour de l'île.

Meilleure période pour un voyage à bas prix :

La saison des pluies offre des prix plus bas, mais il faut s'attendre à des pluies fréquentes.

Ce qu'il faut voir et expérimenter :

Bornéo est un incroyable mélange de paysages à couper le souffle et de cultures diverses. La partie malaisienne de Bornéo, connue sous le nom de Malaisie orientale, abrite le mont Kinabalu, le plus haut sommet d'Asie du Sud-Est. Cette montagne majestueuse est à voir absolument pour les vues à couper le souffle qu'elle offre.

Dans le Bornéo indonésien, également connu sous le nom de Kalimantan, se trouve le parc national de Tanjung Puting, célèbre pour la conservation des orangs-outans. Ce parc offre la rare opportunité de voir de près ces incroyables créatures dans leur habitat naturel.

Les choses à faire :

À Bornéo, vous pouvez vivre des aventures comme nulle part ailleurs. Partez en randonnée dans la forêt tropicale, explorez les magnifiques récifs coralliens en faisant de la plongée ou du snorkeling, ou faites une croisière sur une rivière à la recherche d'animaux sauvages. Vous trouverez une multitude d'espèces qui ont élu domicile à Bornéo, depuis les orangs-outans et les singes proboscis jusqu'au rhinocéros de Bornéo, une espèce en voie de disparition.

Sur le plan culturel, visitez les maisons longues traditionnelles de la tribu indigène des Iban à Sarawak ou explorez les marchés animés et le front de mer de Kota Kinabalu. N'oubliez pas de goûter aux plats locaux tels que le Sarawak Laksa, une soupe de nouilles épicée, ou le Nasi Lemak, un plat de riz parfumé cuit dans du lait de coco.

Faits intéressants :

Saviez-vous que Bornéo abrite l'une des plus anciennes forêts tropicales du monde, plus ancienne encore que la forêt amazonienne ? En outre, bien qu'elles ne couvrent que 1 % de la superficie mondiale, les forêts pluviales de Bornéo abritent environ 6 % de la biodiversité mondiale, avec des milliers d'espèces animales et végétales différentes. Si vous avez de la chance, vous pourrez même apercevoir l'insaisissable panthère nébuleuse de Bornéo !

Sur cette île à couper le souffle, vous trouverez un mélange unique de beauté naturelle, d'aventures passionnantes et d'une culture riche qui laissera à chaque voyageur des souvenirs inoubliables. Qu'il s'agisse de randonner sur le mont Kinabalu, d'observer le jeu des orangs-outans ou de goûter aux spécialités locales, chaque moment passé à Bornéo est une expérience unique qui restera gravée dans votre mémoire longtemps après votre départ.

39 Parc national de Komodo
Indonésie

Comment s'y rendre :

Pour vous rendre au parc national de Komodo, vous devrez vous rendre dans la ville de Labuan Bajo, sur l'île de Flores, en Indonésie. Labuan Bajo est bien reliée par avion aux principales villes indonésiennes, telles que Jakarta et Bali. Depuis Labuan Bajo, vous pouvez participer à une excursion ou louer un bateau pour explorer les différentes îles du parc et les sites de plongée.

Ce qu'il faut voir et expérimenter :

L'attraction principale du parc national de Komodo est sans aucun doute le dragon de Komodo. Ces impressionnants reptiles sont les plus grands lézards de la planète et peuvent atteindre jusqu'à 3 mètres de long. Les observer dans leur habitat naturel est une expérience inoubliable. Outre les dragons de Komodo, le parc abrite une grande biodiversité. Des forêts luxuriantes aux plages immaculées, vous découvrirez des paysages à couper le souffle, regorgeant de faune et de flore.

Meilleure période pour un voyage à bas prix :

La saison des pluies, de novembre à mars, offre des tarifs plus avantageux, mais vous risquez d'être confronté à des pluies occasionnelles.

Introduction à la destination :

Bienvenue dans le parc national de Komodo, un lieu d'enchantement et d'émerveillement ! Situé en Indonésie, ce parc national extraordinaire est réputé pour son habitant le plus célèbre : le puissant dragon de Komodo. Mais ce n'est que le début de l'aventure qui vous attend ici. Avec ses paysages à couper le souffle, ses récifs coralliens vibrants et sa faune diversifiée, le parc national de Komodo est un trésor pour les amoureux de la nature et de l'aventure.

Les choses à faire :

L'exploration du parc offre une myriade d'activités passionnantes. Participez à des excursions guidées pour observer les dragons de Komodo dans leur environnement naturel. Découvrez des points de vue à couper le souffle qui offrent des vues panoramiques sur les îles et les eaux turquoise en contrebas. Plongez dans le monde sous-marin du parc, où les récifs coralliens colorés et la vie marine exotique vous attendent. La plongée avec masque et tuba, la plongée sous-marine et même la nage avec les majestueuses raies manta sont des activités très prisées.

Si vous êtes en quête d'aventure, participez à des excursions sur les différentes îles du parc. Les îles de Rinca et de Komodo sont particulièrement célèbres pour leurs populations de dragons de Komodo. L'île de Padar offre des vues panoramiques spectaculaires depuis ses collines. Pink Beach, avec son sable rose unique, est un must pour les amateurs de plage. Il y a toujours quelque chose de passionnant à découvrir à chaque coin de rue.

Faits intéressants :

Le parc national de Komodo n'est pas réservé aux dragons. C'est un site du patrimoine mondial de l'UNESCO et une réserve de biosphère désignée pour son importance écologique exceptionnelle. Le parc englobe une vaste zone terrestre et maritime, comprenant trois îles principales (Komodo, Rinca et Padar) et de nombreuses îles plus petites. Sa riche biodiversité marine et ses récifs coralliens intacts en font un paradis pour les plongeurs et les amateurs de plongée avec tuba. C'est un endroit où les reptiles anciens et la beauté naturelle convergent en harmonie, laissant les visiteurs bouche bée devant les merveilles de notre monde naturel.

Préparez-vous donc à vous aventurer dans le royaume du puissant dragon de Komodo, à vous immerger dans des paysages à couper le souffle et à assister à la magie du parc national de Komodo. Ce voyage vous laissera des souvenirs inoubliables et une profonde appréciation des merveilles de la nature.

40 Hampi
Inde

Introduction à la destination :

Entrez dans le monde enchanteur de Hampi, un lieu où l'histoire prend vie dans un paysage de temples anciens et de ruines majestueuses. Situé dans l'État du Karnataka, au sud de l'Inde, Hampi est un site classé au patrimoine mondial de l'UNESCO qui vous transportera dans le temps. Avec ses étonnantes merveilles architecturales, son riche patrimoine culturel et son environnement naturel fascinant, Hampi est un trésor pour les passionnés d'histoire, les chercheurs de spiritualité et les voyageurs curieux.

Comment s'y rendre :

Pour se rendre à Hampi, la ville la plus proche est Hospet, qui est bien desservie par les routes et les trains. De là, le trajet jusqu'à Hampi est court en taxi ou en transport local. De nombreux voyageurs arrivent également par Bangalore, la capitale du Karnataka, et prennent une route panoramique jusqu'à Hampi, en savourant les paysages changeants le long du chemin.

Les choses à faire :

Hampi n'offre pas seulement des merveilles architecturo. Vivez une expérience spirituelle en assistant à l'envoûtante cérémonie de prière du soir au temple Virupaksha, où vous pourrez assister à des rituels vieux de plusieurs siècles et vous immerger dans une atmosphère sacrée. Faites une promenade en bateau sur la rivière Tungabhadra et imprégnez-vous de l'atmosphère paisible tout en admirant les collines rocheuses et la végétation luxuriante qui vous entourent.

Pour les amateurs d'aventure, Hampi offre des possibilités d'escalade et d'escalade de bloc, grâce à ses formations rocheuses granitiques uniques. Les grimpeurs expérimentés et les débutants peuvent tester leurs compétences sur des voies d'escalade difficiles ou opter pour des sessions d'escalade guidées. Hampi est également un excellent endroit pour les amateurs de cyclisme : vous pouvez explorer le vaste site archéologique et les villages voisins sur deux roues.

Meilleure période pour un voyage à bas prix :

La saison plus fraîche et plus sèche, de novembre à février, offre des tarifs plus avantageux et un climat plus confortable.

Ce qu'il faut voir et expérimenter :

Hampi est un véritable témoignage de la grandeur de l'empire Vijayanagara, qui s'est épanoui entre les XIVe et XVIe siècles. La ville possède une myriade de temples anciens, de palais et d'autres merveilles architecturales qui témoignent des prouesses architecturales et de la finesse artistique de l'empire. Le temple Virupaksha, dédié à Lord Shiva, est incontournable avec son imposant gopuram (portail) et ses piliers complexes. L'impressionnant temple de Vittala, célèbre pour son char de pierre emblématique et ses piliers musicaux, vous laissera sous le charme.

En vous promenant dans les ruines de Hampi, vous découvrirez les vestiges d'enceintes royales, d'étables à éléphants et de l'imposant temple Hazara de Rama, orné de bas-reliefs complexes décrivant des histoires mythologiques. Ne manquez pas l'occasion d'escalader la colline de Matanga au lever ou au coucher du soleil pour profiter d'une vue panoramique à couper le souffle sur l'ensemble du paysage de Hampi.

Faits intéressants :

La richesse historique de Hampi va au-delà de ses merveilles architecturales. On pense qu'il s'agit du royaume mythique de Kishkindha, mentionné dans l'épopée hindoue Ramayana. Selon les légendes, c'est le lieu de naissance de Lord Hanuman, le dieu des singes.

En vous promenant dans les rues anciennes de Hampi, laissez-vous transporter dans le passé, en admirant les sculptures complexes, les temples sereins et les vestiges d'un passé glorieux. Hampi est un lieu où le passé danse avec le présent, offrant un voyage inoubliable dans l'histoire et la spiritualité.

41 Lac Baïkal
Russie

Introduction à la destination :

Préparez-vous à être émerveillé par la beauté époustouflante du lac Baïkal, une merveille naturelle qui captive l'imagination. Situé dans le sud de la Sibérie, en Russie, le lac Baïkal est non seulement le plus profond, mais aussi le plus ancien lac d'eau douce du monde. Sa taille et ses eaux cristallines en font une destination enchanteresse pour les amoureux de la nature et de l'aventure.

Comment s'y rendre :

Atteindre le lac Baïkal est une aventure en soi. La grande ville la plus proche est Irkoutsk, bien desservie par les voies aériennes et ferroviaires depuis Moscou et d'autres villes russes. Depuis Irkoutsk, vous pouvez prendre une route panoramique ou sauter dans un train local pour atteindre les rives pittoresques du lac.

Ce qu'il faut voir et expérimenter :

Le lac Baïkal est un paradis pour les amateurs de plein air. Les magnifiques paysages qui entourent le lac offrent d'innombrables possibilités de randonnée, de camping et d'observation de la faune et de la flore. En hiver, le lac gèle, créant un cadre magique pour le patinage et même la conduite sur glace. Ne manquez pas de visiter l'île d'Olkhon, la plus grande île du lac Baïkal, où vous pourrez explorer ses formations rocheuses uniques et rencontrer le peuple autochtone bouriate.

Faits intéressants :

Le lac Baïkal n'est pas seulement une merveille naturelle, c'est aussi un paradis de la biodiversité. Il possède une variété étonnante de flore et de faune, y compris des espèces uniques que l'on ne trouve nulle part ailleurs sur Terre. Le lac abrite le phoque du Baïkal, la seule espèce de phoque d'eau douce au monde. Il est également inscrit au patrimoine mondial de l'UNESCO, reconnu pour sa valeur naturelle exceptionnelle et son importance culturelle pour les communautés locales.

Meilleure période pour un voyage à bas prix :

L'automne est la meilleure période pour visiter le lac Baïkal, avec des prix plus bas et des paysages à couper le souffle.

Les choses à faire :

Que vous recherchiez la tranquillité ou l'aventure, le lac Baïkal a quelque chose à offrir à chacun. Faites un tour en bateau pour Admirez l'incroyable profondeur du lac et explorez les baies et les criques cachées. Faites de la randonnée le long des sentiers panoramiques et vous serez récompensé par des vues à couper le souffle sur les montagnes environnantes. En été, vous pouvez nager dans les eaux claires ou vous essayer à la pêche, car le lac Baïkal abrite un large éventail d'espèces de poissons, dont l'omoul, une espèce endémique.

42 Rotorua
Nouvelle Zélande

Introduction à la destination :

Bienvenue à Rotorua, un endroit où la terre prend vie avec un spectacle hypnotique de merveilles géothermiques et une riche culture maori. Située sur l'île du Nord de la Nouvelle-Zélande, Rotorua est réputée pour sa combinaison unique de bassins de boue bouillonnants, de geysers bouillonnants et de sources chaudes curatives. Cette destination captivante offre un aperçu de la puissance brute de la nature et vous plonge dans les traditions vibrantes et l'hospitalité chaleureuse du peuple maori.

Comment s'y rendre :

Il est facile de se rendre à Rotorua grâce aux différents moyens de transport disponibles. Si vous prenez un vol intérieur, Rotorua dispose de son propre aéroport avec des liaisons vers les principales villes de Nouvelle-Zélande. Vous pouvez également prendre une route panoramique depuis Auckland, ce qui prend environ trois heures, ou prendre un bus ou un train depuis différentes destinations dans le pays.

Les choses à faire :

Les amateurs d'aventure trouveront de nombreuses activités de plein air à Rotorua. Participez à des aventures en tyrolienne à travers la forêt, faites du rafting sur la rivière Kaituna ou explorez le Redwoods Treewalk, un réseau de ponts suspendus parmi les séquoias imposants.

Pour les amoureux de la nature, la vallée volcanique de Waimangu, toute proche, offre des randonnées pittoresques dans un pays de merveilles géothermiques composé de forêts luxuriantes, d'évents fumants et de magnifiques lacs de cratère. Vous pouvez également visiter le pittoresque lac Rotorua, idéal pour une promenade ou un tour en bateau.

Faits intéressants :

L'activité géothermique de Rotorua rappelle constamment le passé volcanique de la région. L'odeur distincte de soufre dans l'air est le résultat de l'activité géothermique, ce qui crée une expérience sensorielle unique et mémorable.

Ce qu'il faut voir et expérimenter :

Préparez-vous à être surpris par les merveilles géothermiques qui caractérisent le paysage de Rotorua. Assistez à l'impressionnante éruption du geyser Pohutu à Te Puia, l'un des plus grands geysers de l'hémisphère sud. Explorez les piscines de boue bouillonnantes du Wai-O-Tapu Thermal Wonderland, où les couleurs vibrantes et les paysages d'un autre monde créent un spectacle inoubliable. Ne manquez pas de vous détendre dans les sources d'eau chaude géothermique, connues pour leurs propriétés thérapeutiques.

Mais Rotorua offre bien plus que des merveilles géothermiques. Plongez dans la culture maorie en assistant à un spectacle culturel traditionnel maori, où vous pourrez voir des danses haka captivantes, des chants mélodieux et les subtilités des contes maoris. Visitez le Tamaki Maori Village pour une expérience culturelle authentique, où vous découvrirez l'art et l'artisanat traditionnels et assisterez à un banquet traditionnel hangi.

Meilleure période pour un voyage à bas prix :

La basse saison, de mai à septembre, est moins chère et offre encore de nombreuses activités.

Afrique

43 Madagascar

Introduction à la destination :

Madagascar, la quatrième plus grande île du monde, est un endroit unique. Flottant dans l'océan Indien, au large de la côte sud-est de l'Afrique, c'est un monde plein de couleurs et de vie. L'île est célèbre pour sa faune unique, ses paysages à couper le souffle et ses habitants chaleureux. C'est une destination qui capte l'imagination et touche l'âme.

Comment s'y rendre :

Arriver à Madagascar est une aventure en soi. L'île est desservie par l'aéroport international d'Ivato, situé près de la capitale Antananarivo. Plusieurs compagnies aériennes desservent Madagascar à partir des principales villes du monde. Une fois débarqué, l'île peut être explorée en voiture, en bateau ou en petit avion, selon votre destination.

Ce qu'il faut voir et expérimenter :

Madagascar est un point chaud de la biodiversité. L'île abrite des milliers d'espèces végétales et animales que l'on ne trouve nulle part ailleurs dans le monde. On y trouve de tout, des lémuriens enjoués aux fosses mystérieuses, des baobabs imposants aux insectes à l'allure bizarre.

Mais l'île ne se limite pas à la faune et à la flore. Elle offre également des paysages variés à explorer. Les belles plages et les récifs coralliens du nord, les denses forêts tropicales de l'est, les incroyables formations calcaires du parc national des Tsingy de Bemaraha à l'ouest et le sud semi-désertique : chaque région a son propre charme.

Les choses à faire :

Madagascar offre un large éventail d'activités pour tous les types de voyageurs. Si vous aimez la nature, participez à une excursion guidée dans l'un des nombreux parcs nationaux pour observer la faune et la flore. Les ornithologues seront aux anges, avec plus de 100 espèces d'oiseaux recensées rien qu'à Madagascar.

Pour les plus aventureux, essayez le kitesurf ou la plongée dans les eaux claires de Nosy Be. Si la détente est votre objectif, bronzez sur les magnifiques plages de l'île Sainte Marie.

Les amateurs d'histoire et de culture peuvent explorer la colline royale d'Ambohimanga, classée au patrimoine mondial de l'UNESCO, et visiter les marchés locaux pour échanger avec les Malgaches et découvrir leurs traditions.

Faits intéressants :

Saviez-vous qu'environ 90 % de la faune de Madagascar ne se trouve nulle part ailleurs sur Terre ? Cela inclut plus de 100 espèces de lémuriens, les habitants les plus célèbres de l'île. Madagascar abrite également les deux tiers des espèces de caméléons du monde. C'est un témoignage vivant des merveilles de l'évolution.

En outre, les Malgaches, bien qu'ils vivent sur une île au large de l'Afrique, partagent une ascendance plus proche avec les habitants de Bornéo, à plus de 4 000 kilomètres de là. Cela reflète la position unique de Madagascar dans l'océan Indien, creuset de cultures et d'influences différentes au fil des siècles.

Meilleure période pour un voyage à bas prix :

La saison des pluies offre des prix moins élevés, mais il faut faire attention aux conditions météorologiques et aux éventuelles restrictions de voyage.

44

Zanzibar
Tanzania

Introduction à la destination :

Dites bonjour à Zanzibar, un petit coin de paradis sur terre. Cette île, qui fait partie de la Tanzanie, est située dans l'océan Indien, au large de la côte est de l'Afrique. C'est un endroit à la fois exotique et familier. Avec ses plages immaculées, ses eaux cristallines, ses plantations d'épices luxuriantes et une histoire aussi riche que sa culture, Zanzibar est une destination qui fascine et captive tous ceux qui posent le pied sur ses rivages sablonneux.

Ce qu'il faut voir et expérimenter :

Les plages de Zanzibar sont parmi les plus belles du monde. Les côtes nord et est de l'île s'enorgueillissent d'interminables étendues de sable blanc baignant dans des eaux azur. Mais Zanzibar ne se résume pas aux plages. La visite de Stone Town, classée au patrimoine mondial de l'UNESCO, est incontournable. Avec ses ruelles sinueuses, ses bazars animés et ses grandes maisons arabes, Stone Town est un témoignage vivant de la richesse de l'histoire et de la culture de Zanzibar.

Comment s'y rendre :

Zanzibar est bien relié au continent et à d'autres parties du monde. Des vols directs partent de plusieurs villes d'Europe, d'Afrique et du Moyen-Orient. Si vous êtes déjà en Tanzanie, vous pouvez prendre un vol rapide ou un ferry depuis Dar es Salaam, la plus grande ville du pays.

AFRIQUE

Les choses à faire :

Zanzibar offre une pléthore d'activités pour tous les voyageurs. Vous pouvez bronzer sur la plage ou plonger dans les récifs coralliens de l'océan Indien. L'île est également connue pour ses plantations d'épices, alors pourquoi ne pas faire une visite guidée ? Vous pourrez découvrir l'histoire des épices" de l'île et même goûter à certaines épices exotiques.

Les amateurs d'histoire adoreront se promener dans les rues labyrinthiques de Stone Town et visiter des sites historiques tels que la Maison des Merveilles et le Vieux Fort. Ne manquez pas non plus d'admirer le coucher du soleil depuis un restaurant sur le toit ou en naviguant sur un boutre traditionnel.

Meilleure période pour un voyage à bas prix :

La basse saison, de mars à mai et de novembre à décembre, est moins chère, mais il faut éviter les mois de grandes pluies.

Faits intéressants :

Saviez-vous que Zanzibar était autrefois le premier producteur mondial de clous de girofle ? C'est également le lieu de naissance de Freddie Mercury, le légendaire chanteur du groupe de rock Queen !

Bien que faisant partie de la Tanzanie, Zanzibar a un statut semi-autonome, avec son propre président et son propre gouvernement. Cela se reflète dans son mélange unique d'influences africaines, arabes, indiennes et européennes, ce qui en fait un endroit vraiment diversifié et fascinant.

Ne vous étonnez pas non plus si vous rencontrez des habitants désireux de jouer au Bao. Il s'agit d'un jeu de société traditionnel très populaire à Zanzibar. Que vous vous prélassiez dans un hamac sur la plage, que vous exploriez les fermes d'épices ou que vous vous perdiez dans les ruelles de Stone Town, Zanzibar vous promet un voyage inoubliable, aussi unique que l'île elle-même.

45 Chutes Victoria
Zimbabwe/Zambie

Introduction à la destination :

Préparez-vous à être stupéfait par les magnifiques chutes Victoria, une merveille naturelle qui vous laissera bouche bée. Situées à la frontière entre le Zimbabwe et la Zambie, les chutes Victoria sont l'une des chutes d'eau les plus extraordinaires et les plus impressionnantes de la planète. Connues localement sous le nom de "Mosi-oa-Tunya", ce qui signifie "La fumée qui tonne", c'est un lieu d'une beauté, d'une puissance et d'une énergie naturelle immenses.

Comment s'y rendre :

Il est relativement facile de se rendre à Victoria Falls, car la ville est bien desservie par les transports aériens et routiers. Les aéroports internationaux les plus proches sont l'aéroport de Victoria Falls au Zimbabwe et l'aéroport de Livingstone en Zambie. De là, le transfert vers les chutes est court. Vous pouvez également prendre la route depuis les villes voisines ou participer à une visite guidée qui inclut le transport.

Ce qu'il faut voir et expérimenter :

Préparez-vous à une surcharge sensorielle lorsque vous serez témoin de la magnificence des chutes Victoria. Les chutes s'étendent sur une largeur incroyable de plus d'un kilomètre et le grondement de l'eau en cascade est impressionnant. À l'approche des chutes, une fine brume s'élève, créant une atmosphère mystique qui vous enveloppe de sa beauté éthérée. La vue de la brume, associée à l'arc-en-ciel qui traverse souvent la gorge, est vraiment à couper le souffle.

Faits intéressants :

Les chutes d'eau sont importantes pour les populations indigènes locales, qui les considèrent comme un lieu sacré. Depuis 1989, elles sont inscrites au patrimoine mondial de l'UNESCO, qui a reconnu leur valeur universelle exceptionnelle et la nécessité de les préserver.

Elles sont classées comme la plus grande chute d'eau du monde en termes de largeur et de hauteur, surpassant même les chutes du Niagara.

Meilleure période pour un voyage à bas prix :

La saison des pluies, de novembre à mars, est plus propice, mais certaines activités peuvent être restreintes en raison des pluies.

Les choses à faire :

Il existe d'innombrables façons de s'immerger dans les merveilles des chutes Victoria. Pour une aventure palpitante, participez à une visite guidée qui vous emmène près des chutes. Sentez la brume sur votre visage pendant que vous marchez le long des sentiers désignés, qui offrent des vues panoramiques incroyables. Pour une expérience encore plus exaltante, optez pour un vol en hélicoptère ou en ULM au-dessus des chutes, qui vous permettra d'admirer leur grandeur d'un point de vue unique.

Pour ceux qui recherchent une poussée d'adrénaline, participez à une excursion de rafting sur le puissant fleuve Zambèze. Les rapides près des chutes Victoria offrent une aventure inoubliable pour les débutants comme pour les rafteurs expérimentés. Vous pouvez également essayer le saut à l'élastique, la tyrolienne ou la descente de gorge pour une expérience riche en adrénaline.

Les amoureux de la nature seront ravis par l'abondance de la faune et de la flore dans les parcs nationaux environnants. Participez à un safari guidé pour apercevoir des éléphants, des lions, des hippopotames et diverses espèces d'oiseaux dans leur habitat naturel. Le fleuve Zambèze offre également la possibilité de faire des croisières inoubliables au coucher du soleil, où vous pourrez vous détendre tout en savourant la beauté du paysage africain.

46 Lalibela
Éthiopie

Comment s'y rendre :

Il est relativement facile de se rendre à Lalibela. La ville possède son propre aéroport, l'aéroport de Lalibela, qui propose des vols intérieurs depuis la capitale de l'Éthiopie, Addis-Abeba. Vous pouvez réserver un vol pour Lalibela et profiter du voyage pittoresque à travers les hauts plateaux éthiopiens. Vous pouvez également faire le trajet en voiture d'Addis-Abeba à Lalibela, ce qui prend environ 10 à 12 heures, en fonction de l'état de la route et des arrêts en cours de route. Des services de bus sont disponibles et constituent une option pratique pour ceux qui recherchent un voyage terrestre aventureux.

Introduction à la destination :

Bienvenue en Éthiopie, un pays riche en histoire et en merveilles culturelles ! Ce pays d'Afrique de l'Est aux multiples facettes est un trésor de civilisations anciennes et de paysages à couper le souffle. L'un de ses joyaux est Lalibela, une ville réputée pour ses impressionnantes églises creusées dans le roc. Riches en légendes et en spiritualité, les églises de Lalibela témoignent de la créativité et de la dévotion de l'homme, sculptées dans la roche il y a des siècles.

Meilleure période pour un voyage à bas prix :

La saison des pluies, de juin à septembre, offre des prix moins élevés, mais certaines zones peuvent être difficiles d'accès en raison des routes boueuses.

Ce qu'il faut voir et expérimenter :

Les églises creusées dans la roche de Lalibela sont une merveille architecturale, chacune d'entre elles étant complexe et enveloppée de mystère. Explorez le réseau de passages souterrains qui relient ces églises, en vous immergeant dans l'atmosphère sacrée. Assistez aux cérémonies religieuses, écoutez les chants harmonieux et témoignez de la foi inébranlable de la communauté locale.

Faits intéressants :

Les églises de Lalibela sont non seulement des chefs-d'œuvre architecturaux, mais aussi un site du patrimoine mondial de l'UNESCO. Elles témoignent du riche héritage chrétien de l'Éthiopie et de la dévotion durable de son peuple. Lalibela attire des pèlerins et des voyageurs du monde entier, offrant un aperçu d'un héritage spirituel et historique qui continue de fasciner les cœurs et les esprits.

Les choses à faire :

Outre l'exploration des églises rupestres, ne manquez pas de découvrir d'autres joyaux de l'Éthiopie. Visitez l'ancienne ville d'Axoum, connue pour ses obélisques impressionnants et ses ruines historiques. Explorez les marchés animés d'Addis-Abeba, la capitale, et savourez la cuisine variée et savoureuse de l'Éthiopie. Embarquez pour une excursion dans les montagnes du Simien, où vous pourrez observer une faune endémique et admirer des vues à couper le souffle. Et, bien sûr, imprégnez-vous de la chaleur et de l'hospitalité du peuple éthiopien.

47 Chefchaouen
Maroc

Introduction à la destination :

Bienvenue à Chefchaouen, la ville qui porte le ciel comme un manteau ! Nichée dans les montagnes du Rif, au nord du Maroc, Chefchaouen est une petite ville au charme fou, un lieu unique. Connue pour ses magnifiques rues bleues, c'est comme entrer dans un rêve ou dans une peinture qui prendrait vie. Les bâtiments d'un bleu éclatant, les rues pavées sinueuses, l'air qui sent les épices fraîches... Chefchaouen, également connue sous le nom de "Perle bleue du Maroc", est une véritable fête pour les sens.

Comment s'y rendre :

Le voyage vers Chefchaouen est une aventure en soi. Si vous partez de Rabat, la capitale du Maroc, vous pouvez prendre un bus qui dure environ cinq heures. Si, au contraire, vous préférez conduire, il s'agit d'une route panoramique de quatre heures qui vous permettra d'admirer les différents paysages du Maroc.

Ce qu'il faut voir et expérimenter :

La vieille ville, ou médina, est le cœur de Chefchaouen. Vous y trouverez des rues et des bâtiments peints en bleu, le symbole de la ville. Mais le bleu n'est pas seulement beau : il est aussi pratique, car il aide à garder les bâtiments frais et à éloigner les moustiques. En vous promenant dans les rues étroites et sinueuses, vous découvrirez de belles portes, des tapis complexes accrochés aux murs et des vendeurs locaux vendant de tout, des fruits frais aux bijoux faits à la main.

Ne manquez pas de visiter la Kasbah, une forteresse et une prison du XVe siècle, et la Plaza Uta el-Hammam, la place principale où les habitants et les touristes se rassemblent pour se détendre et regarder le monde passer. C'est là que se trouve la Grande Mosquée, autre symbole de Chefchaouen.

Meilleure période pour un voyage à bas prix :

Le printemps et l'automne sont les saisons idéales pour faire des économies et profiter des charmes de cette ville bleue.

AFRIQUE

Faits intéressants :

Saviez-vous que la couleur bleue symbolise le ciel et le paradis et qu'elle sert de rappel pour mener une vie spirituelle à Chefchaouen ? La tradition du bleu a été lancée par la population juive de la ville dans les années 1930 et se poursuit encore aujourd'hui, donnant à cette ville son charme unique.

Chefchaouen n'est pas seulement célèbre pour ses rues bleues. Elle est également entourée de champs de cannabis. Vous trouverez souvent des vendeurs locaux vendant des produits artisanaux à base de cannabis, tels que des savons et des huiles. Toutefois, n'oubliez pas que le cannabis est largement cultivé ici, mais que sa consommation est illégale au Maroc.

Explorer Chefchaouen est une expérience mémorable. À chaque coin de rue, à chaque rue que vous explorerez, vous trouverez quelque chose qui vous étonnera et vous inspirera. Alors, êtes-vous prêt à vous perdre dans les rues bleues de Chefchaouen ?

Les choses à faire :

À Chefchaouen, vous pourrez vous immerger dans la culture locale. Goûtez aux plats marocains traditionnels tels que le tajine et le couscous dans les restaurants locaux ou savourez le pain fraîchement cuit dans les boulangeries locales. Vous pouvez également explorer les marchés locaux ou les souks, où vous pourrez acheter des produits marocains traditionnels tels que des tapis, des lampes et des objets d'art locaux.

Les randonneurs peuvent s'aventurer dans les montagnes du Rif, situées à proximité, pour profiter de splendides vues panoramiques sur la ville bleue.

Moyen-Orient

48 Cappadoce
Turquie

Introduction à la destination :

Bienvenue en Cappadoce, un pays tout droit sorti d'un conte de fées. Nichée au cœur de la Turquie, la Cappadoce est connue pour ses paysages lunaires uniques, ses villes souterraines et ses merveilleuses églises et maisons troglodytes creusées dans la roche. C'est un lieu où la beauté naturelle rencontre l'ingéniosité humaine, créant une destination surréaliste qui ressemble à un autre monde.

Faits intéressants :

La beauté de la Cappadoce ne se limite pas à la peau. La région abrite également plus de 200 villes souterraines, dont certaines sont profondes de huit étages ! Elles étaient utilisées par les premiers chrétiens comme cachettes avant que le christianisme ne devienne une religion acceptée.

La Cappadoce, avec son mélange de paysages à couper le souffle et de riche histoire, est un véritable témoignage de l'incroyable pouvoir de la nature et de la créativité humaine. Que vous flottiez au-dessus des cheminées de fées dans une montgolfière ou que vous déambuliez dans les couloirs d'une ville souterraine, la Cappadoce vous laissera à coup sûr des souvenirs impérissables.

Comment s'y rendre :

La Cappadoce, bien qu'apparemment cachée, est assez facile d'accès. La région est desservie par deux aéroports : l'aéroport de Kayseri Erkilet et l'aéroport de Nevşehir Kapadokya. Vous pouvez prendre un vol intérieur d'Istanbul vers l'un ou l'autre de ces aéroports. Une fois arrivé, le centre de la région est accessible en une heure de route environ. Si vous préférez voyager par la route, des bus sont également disponibles depuis les grandes villes telles qu'Istanbul et Ankara.

Les choses à faire :

La Cappadoce offre un certain nombre d'activités qui tirent le meilleur parti de son environnement unique. La montgolfière est très populaire, et pour cause. Flotter au-dessus d'un paysage d'un autre monde au lever du soleil est une expérience inoubliable.

La randonnée est également un excellent moyen d'explorer la région. Les sentiers serpentent à travers des vallées pleines de cheminées de fées et d'habitations troglodytes, offrant des vues spectaculaires. Vous pouvez également faire de l'équitation, souvent appelée "le pays des beaux chevaux".

N'oubliez pas non plus de découvrir la culture locale. Goûtez aux plats traditionnels tels que le pottery kebab, cuit dans un pot d'argile, ou le testi kebab. Visitez un atelier de poterie local à Avanos et essayez le tour du potier.

Ce qu'il faut voir et expérimenter :

La Cappadoce est un véritable musée vivant à ciel ouvert. Les paysages uniques, formés par d'anciennes éruptions volcaniques, sont parsemés de formations rocheuses connues sous le nom de "cheminées de fées". Nombre d'entre elles ont été creusées au fil des siècles pour former des maisons, des églises et même des villes entières.

L'un des plus beaux sites de la Cappadoce est le musée en plein air de Göreme, qui abrite de nombreuses églises creusées dans la roche et décorées de magnifiques fresques de l'époque byzantine. La ville souterraine de Kaymakli ou Derinkuyu est un autre site à ne pas manquer. Vous pourrez y explorer un réseau complexe de tunnels et de salles qui abritaient autrefois des communautés entières.

Meilleure période pour un voyage à bas prix :

Le printemps et l'automne offrent des tarifs plus bas et des températures agréables pour explorer cette région unique.

49 La mer Morte
Israël/Jordanie

Introduction à la destination :

Préparez-vous à vivre une expérience extraordinaire lors de notre voyage vers l'envoûtante mer Morte. Nichée entre Israël et la Jordanie, cette extraordinaire étendue d'eau n'a pas d'équivalent sur Terre. La mer Morte est réputée pour sa teneur extrêmement élevée en sel, qui crée une expérience unique de flottaison où les nageurs flottent sans effort sur ses eaux fraîches riches en minéraux. C'est une destination qui offre non seulement une retraite relaxante, mais aussi des merveilles naturelles remarquables qui vous laisseront sans voix.

Meilleure période pour un voyage à bas prix :

La basse saison, d'avril à septembre, est moins chère, mais n'oubliez pas que la chaleur peut être intense en été.

Comment s'y rendre :

Il est relativement facile de se rendre à la mer Morte. Si vous partez de Jérusalem, il vous faudra environ une heure de route pour atteindre la partie nord de la mer Morte. Si vous venez d'Amman, en Jordanie, il vous faudra environ une heure et demie pour atteindre la partie sud de la mer Morte. Les deux pays proposent des options de transport abordables et des circuits organisés pour atteindre cette destination emblématique.

Faits intéressants :

La mer Morte, également connue sous le nom de mer Salée, n'est pas seulement le point le plus bas de la Terre, mais aussi l'une des étendues d'eau les plus salées du monde. Sa forte concentration en sel permet aux visiteurs de flotter sans effort à sa surface, faisant de la baignade une expérience inoubliable. En outre, la composition unique de la mer Morte, riche en minéraux tels que le magnésium, le calcium et le potassium, est depuis longtemps réputée pour ses propriétés thérapeutiques et curatives, ce qui attire les visiteurs cherchant à soulager diverses affections et maladies de la peau.

Ce qu'il faut voir et expérimenter :

Lorsque vous arriverez à la mer Morte, préparez-vous à être fasciné par ses caractéristiques uniques. La première chose que vous remarquerez est l'intense salinité de la mer, qui crée une expérience de flottaison unique. Profitez-en pour vous détendre et vous relaxer en flottant sans effort à la surface de l'eau. Les propriétés apaisantes de la boue riche en minéraux que l'on trouve le long de la côte offrent également une occasion unique de faire un spa naturel. Enduisez-vous de cette boue thérapeutique et laissez votre peau rajeunir.

Outre l'eau, les paysages environnants sont un véritable spectacle. Le désert aride et les falaises majestueuses qui bordent la mer forment une toile de fond à couper le souffle. Regardez les couleurs vibrantes du coucher de soleil peindre le ciel et se refléter dans les eaux sereines.

Les choses à faire :

Si flotter sans effort dans la mer Morte est sans aucun doute un moment fort, il y a bien d'autres choses à découvrir. Faites-vous dorloter en visitant l'une des stations thermales de la région

de nombreux centres de villégiature de luxe le long de la côte. Laissez-vous tenter par des traitements relaxants au spa, tels que des gommages au sel ou des enveloppements de boue riche en minéraux, qui vous donneront une sensation de rajeunissement.

Promenez-vous tranquillement le long de la côte et admirez les vues à couper le souffle. Prenez des photos mémorables des paysages saisissants et des formations de sel uniques qui bordent la côte.

50 Pétra Jordanie

Introduction à la destination :

Préparez-vous à être transporté dans un ancien monde de merveilles lorsque vous pénétrerez dans Petra, la fascinante cité archéologique de Jordanie. Surnommée la "ville rose" en raison de la teinte rosée de son architecture taillée dans la roche, Pétra est un mélange captivant d'histoire, d'art et de merveilles d'ingénierie. Ce site classé au patrimoine mondial de l'UNESCO est célèbre pour ses façades taillées dans la roche, Les passages étroits et le remarquable système de canalisations d'eau qui donnaient autrefois vie à cette ville du désert.

Comment s'y rendre:

Pour vous rendre à Petra, vous pouvez prendre l'avion jusqu'à Amman, la capitale de la Jordanie, puis emprunter une route panoramique jusqu'à la ville de Petra. Des circuits organisés et des options de transport sont également disponibles à partir des principales villes jordaniennes.

Les choses à faire :

En entrant dans Pétra par l'étroit Siq, une gorge impressionnante avec des falaises imposantes de chaque côté, vous sentirez l'impatience vous envahir. L'emblématique Trésor (Al-Khazneh) émergera des rochers, vous laissant en admiration devant ses détails complexes. Explorez les anciens tombeaux nabatéens, le théâtre romain et le monastère (Ad Deir), qui récompense les randonneurs avec des vues panoramiques à couper le souffle.

Faits intéressants :

L'architecture taillée dans la roche de Pétra n'est pas seulement impressionnante sur le plan visuel, elle a aussi une signification historique incroyable. L'ingénieux système de conduites d'eau de la ville a permis un approvisionnement durable en eau, mettant en évidence les compétences techniques avancées des anciens Nabatéens qui habitaient Pétra. Il n'est donc pas étonnant que Pétra continue de fasciner les visiteurs et reste l'un des sites archéologiques les plus extraordinaires au monde.

Meilleure période pour un voyage à bas prix :

Le printemps et l'automne sont les périodes les plus propices pour visiter Petra. Évitez les mois d'été, où la chaleur peut être insupportable et les prix plus élevés en raison de l'afflux de touristes.

Ce qu'il faut voir et expérimenter :

En entrant dans Pétra par l'étroit Siq, une gorge à couper le souffle bordée de chaque côté par d'imposantes falaises, vous sentirez monter l'impatience. L'emblématique Trésor (Al-Khazneh) émergera des rochers, vous laissant en admiration devant ses détails complexes. Explorez les anciens tombeaux nabatéens, le théâtre romain et le monastère (Ad Deir), qui récompense les randonneurs avec des vues panoramiques à couper le souffle.

Conclusion

Voilà, chers explorateurs !

Nous avons franchi des montagnes, traversé des villages enchanteurs, découvert les secrets d'îles cachées et déniché des joyaux inattendus au cœur de villes animées. Nous avons voyagé ensemble à travers le monde, traçant un chemin qui évite les clichés et recherche l'extraordinaire.

C'était un voyage incroyable, n'est-ce pas ?

Le livre "50 voyages incroyables à faire avant de mourir" a été conçu comme un guide, mais il est bien plus que cela. C'est une invitation à prendre le chemin le moins fréquenté, à oser faire quelque chose de différent et à dépasser les limites de sa zone de confort. C'est une invitation à embrasser l'inconnu, l'inattendu et l'inexploré.

Voyager vers ces cinquante destinations uniques n'enrichit pas seulement votre vie de nouvelles expériences. Ils vous ouvrent également les yeux sur la diversité et la beauté de notre monde. Les souvenirs que vous avez accumulés au cours de ces voyages sont irremplaçables, le genre de trésor qui vaut plus que tout ce que l'argent peut acheter.

N'oubliez pas que ces cinquante voyages extraordinaires ne sont qu'un début. Le monde regorge de destinations et d'expériences à découvrir. Alors ne cessez jamais d'explorer, de chercher et de nourrir votre envie de voyager.

Lorsque vous refermerez oc livre, nous espérons que vous ne le verrez pas comme une fin, mais comme le début de votre prochaine aventure. Car le meilleur voyage que vous ferez jamais est celui que vous n'avez pas encore fait.

Alors, faites vos valises, lacez vos chaussures et passez la porte. Le monde vous attend !

Bon voyage et à bientôt... sur la route !

Printed in France by Amazon
Brétigny-sur-Orge, FR

16725899R00065